Vorwort

Die Astrologie befasst sich mit den kosmischen Einflüssen auf den Menschen. Sonne, Mond, Planeten und Sterne wirken sich in ihren Positionen zum Zeitpunkt der Geburt auf Eigenschaften, Vorlieben, Abneigungen, Begabungen, Charakter und Geschicke des Menschen aus.

Im Tierkreis verkörpert sich der Weg der Planeten am Himmel. In den meisten Sternbildern finden sich Tierbezeichnungen wieder – daher kommt die Bezeichnung: Tierkreiszeichen.

Das Wissen über die Tierkreise ist erstaunlich alt und kann uns helfen, unser Verhalten und unsere Entscheidungen zu begreifen.

Die Liebe zu einer reizenden jungen Dame hat mir als Teenie das Tor zur Poesie eröffnet. Ich habe viel Freude darin erlebt, das, was mich emotional sehr bewegt, in die Sprache der Poesie fließen zu lassen. Später hat es eine reizende Dame aus Kamerun verstanden, mich – auch - mit dem Zauber der Sternzeichen zu belegen. Was lag da nach meiner persönlichen Lebensgeschichte ferner, die Sternzeichen einmal in Gedichtform vorzustellen. Aber sehen Sie selbst ...

Dr. Armin Holtus
Stelle, im März 2010

Sternzeichen

Vorgestellt in Gedichten

Von Dr. Armin Holtus

Bibliografische Information der Deutschen Nationalbibliothek:
Die Deutsche Nationalbibliothek verzeichnet diese Publikation in der Deutschen Nationalbibliografie; detaillierte bibliografische Daten sind im Internet über http://dnb.dnb.de abrufbar.

TWENTYSIX – Der Self-Publishing-Verlag
Eine Kooperation zwischen der Verlagsgruppe Random House und BoD – Books on Demand

© 2016 Dr. Armin Holtus

Herstellung und Verlag:
BoD – Books on Demand, Norderstedt

ISBN: 978-3-740-71196-2

Illustration: Astrofoto Ralf Schoof
Covergestaltung: Hartmut Breitmeyer
            WEBTECH design & technik

Inhalt

Wassermann:	Seite	7
Fische:	Seite	22
Widder:	Seite	40
Stier:	Seite	57
Zwillinge:	Seite	70
Krebs:	Seite	83
Löwe:	Seite	99
Jungfrau:	Seite	117
Waage:	Seite	132
Skorpion:	Seite	147
Schütze:	Seite	164
Steinbock:	Seite	183

Wassermann

Wenn die Sonne im Tierkreiszeichen Wassermann knallt
Ist es noch tiefer Winter und bitter kalt
Doch unter dem Schnee erwacht die Natur
Gähnt, räkelt sich und wartet nur
Dass Schnee und Kälte vergeh`n
Und wärm`re Winde weh`n
Unter denen Neues entstehen kann
Selbst ein neuer Wassermann

Und diese von Vorfreude gezeichneten Gefühle
Lassen trotz der Kühle
Und obwohl raue Winde noch weh`n
Eine optimistische Stimmung entsteh`n

Wassermänner hoffen daher auf verborg`ne Kräfte
Energien und Lebenssäfte
Es ist in ihnen angelegt
Dass sie seh`n, was sich bewegt
Und einmal entstehen kann
Was als kleiner Same einst begann

Der Wassermann ist nicht etwa ein Mann
Der im Wasser leben kann
So einer mit Kiemen und Flossen
Nein, er gießt ganz unverdrossen
An Land Wasser des Lebens aus einem Krug
Bis alle haben genug
Er ist bestrebt, die Menschen mit Wasser zu erden
Ohne dabei nass zu werden

Wer vermeint, er wär` ein Wasserzeichen
Irrt ergo ohnegleichen
Er ist ein Zeichen der Luft
Der in lock`rer Kluft
Dem Leben bejahend gegenübersteht
Und ander`n im Mund das Wort umdreht
Seine Realität findet er in Idealen
Fernab von Linealen
Sein Anliegen ist die objektive Perspektive
Ethik, Prinzipien, Superlative

Es gab Zeiten, da wurden Wassermänner, die sich der Wahrheit verschrieben

Als Ketzer auf den Scheiterhaufen getrieben
Nur weil sie rebellierten gegen Herrschaft und Religion
Fanden sie im Tod ihren kargen Lohn
Gott sei Dank ist`s heutzutag` weniger fatal
Und des Wassermanns` Ideal
Ist eine Regierungsform, die vom Wohl des Menschen befeuert
ist
Und Harmonie als vornehmstes Ziel nie vergisst

Neugierig ist er, will alles wissen
Viele Bücher werden verschlissen
Er ist Visionär
Extraordinär
Kann Komplexes erkennen und Brücken schlagen
Die Zukunft vorhersagen
Im Jetzt kann er gut leben
Doch sein Streben
Gilt der Welt von Morgen
Und deren Sorgen

Der Aufschrei der Französischen Revolution
Man ahnt es schon
Freiheit, Gleichheit, Brüderlichkeit
Zu diesen Tugenden ist er bereit
Die edelsten menschlichen Ideen
Kann man in ihm entstehen seh`n
In ihm sprudelt ein Forscherdrang
Von allerhöchstem Rang

Als moderner Robin Hood kämpft er
Aus reinem Fanatismus, ohne Salär
Für die, die auf Erden
Benachteiligt und geknechtet werden

Im Denken ist er für and`re zu schnell
Gilt deshalb als Exot und unkonventionell
Wird von Uranus und Saturn geleitet
Von deren Unruhe und scharfem Verstand begleitet
Der ihm zur rechten Zeit den Vorsprung garantiert
Der Konkurrenten doch sehr frustriert

Er baut nie auf Glück
Sondern Stück für Stück

Auf sein eig`nes Wissen, seine Kraft
Dies sich`ren Fortschritt schafft

Edelsteine legt er an
Wenn er sie leiden kann
Nicht etwa wegen bess`rer Chancen in der Liebe
Oder weil Sand schon im Getriebe
Oder wenn`s d`rum geht, im Mondenschein
Vor `nem Rausch gewappnet zu sein
Oder vor Verführungskünsten
Gewisser Charmeure unter Parfum-Dünsten

Von Natur aus ist er ein fröhlicher Gesell`
Der aber auf alle Fäll`
And`re gern provoziert
Und durch sein widerspenst`ges Wesen schockiert
Sklave- oder Knecht-Sein liegt ihm nicht
Er braucht Luft zum Atmen und das Licht

Wunder Punkt

Ihr Urteil über fremde Leute
Ist oft `ne schnelle Beute
Ergebnis oberflächlicher Mathematik
Dafür schon mal Kritik
Zu Affekthascherei sie neigen
Von Prinzipienreiterei ganz zu schweigen
Einen Streit brechen sie gern mal vom Zaume
Ist auch kein Streitstoff im Raume
Nur um der harmonischen Eintönigkeit den Garaus zu machen
Lassen sie`s gern mal krachen
In krasser Selbstüberschätzung wagt er sich gern an Dinge ran
Die er gar nicht meistern kann

Willkürlich verschenkt er seine Gunst
An den, der beherrscht die Kunst
Ihm zu schmeicheln
Sei`s auch mit bloßem Streicheln
Gern stößt er vor Publikum
Mit dem Hintern um
Was er mit eig`ner Hände Kraft
Mühsam hat geschafft

Auch beherrscht er die Kunst
Auf seinem falschen Standpunkt zu verharren
Während and`re ihn in dessen eitlem Dunst
Heimlich narren

Die Gefahr besteht
Dass nichts mehr geht
Wenn sie in Extreme verfallen
Und sich an diese krallen
Das Eintreten für Ideale kann
In Fanatismus umschlagen irgendwann
Ergebnis ist der Wissenschaftler ohne Herzen
Der einem vorkommt wie `ne Karikatur voller Schmerzen

Sie sind von Peinlichkeit ergriffen
Wenn sie Gefühle umschiffen
Ob eig`ne oder fremde – egal
Unwohl fühlen se sich allemal

Gern kämpfen se entschlossen und munter
Um den Platz an der Sonne
Und stossen jeden runter
Wenn`s sein muss mit Wonne
Schuld für dieses unvernünft`ge Benehmen
Ist des Übervernünft`gen unbewusste Streben
Etwas Besonderes zu sein
Sind die Mittel auch nicht fein

Er tritt ein für Gleichheitsrechte
Unterdrückte, Mägde und Knechte
Doch dass dies Ideal auch gut für den Partner ist
Er leider allzu oft vergisst

Jeder darf glauben, was er will
Solange dies dem Wassermann behagt
Sind dessen Überzeugungen jedoch zu schrill
Wird er gejagt, geplagt und verklagt
Freilich handelt er insoweit ohne boshafte Absicht
Er wird getrieben vom Unbewussten schlicht
Wüsst` er um diesen Schatten
Würd`er ermatten
Wär`entsetzt

Und zutiefst in seinem Kern verletzt

Viel weiß er über Mechanismen, Strukturen
Kann lesen fremde Spuren
Aber dieses Wissen ins eigene Leben zu transportier'n
Kann er nicht realisier'n

Als Luftzeichen geht es ihm leicht aus dem Sinn
Dass sein Kopf wächst zwar zum Himmel hin
Doch dass seine Füße gleichzeitig auf der Erde steh'n
Will er nicht seh'n

In Heuchelei kann er leicht verfallen
Predigt Brot und genießt den Kuchen
Dies wird dem Partner missfallen
Lässt ihn leiden und fluchen

Wenn er im Herzen versteht
Dass sich nicht alles nur um's Köpfchen dreht

Sondern auch Gefühle, Körper und Träume göttlich sind
Segelt er im rechten Wind
Dann erst wird er sein, was er schon im Herzen ist
Visionär, Prophet, Idealist
Der sein know-how dem Gemeinwesen unterstellt
Und wenn's brenzlig wird, nicht nur bellt
Sondern Lösungen präsentiert
Qualifiziert und wohl temperiert

Berufliches

Unter dem Zeichen des Genius [1] ist Aquarius [2] der große
Entdecker
Forscher und Erwecker
Von neuen Wegen und Ideen
Die andere erst ganz spät versteh`n
Unter Kollegen wird er als treuer Freund geschätzt
Der diese untereinander vernetzt

Wegen seiner Menschenkenntnis ist es der Wassermann
Der für ein gutes Betriebsklima sorgen kann
Drängt sich nicht vor, stellt sich hinten an
Weil er nach seinem Gusto nur so vorankommen kann
Von seinen Ideen kann eine Firma gedeihen
Erfahren seltene Weihen
Hat er erst mal eine Arbeit übernommen
Wird so lange getüftelt und gesponnen
Bis ein vortreffliches Ergebnis gilt zu vermelden
Und sein Portrait aufgehängt wird in der Halle der Helden

Es ist nicht zu bestreiten
Dass feste Arbeitszeiten
Ihnen die Luft zum Atmen stehlen
Und sie dann schon mal fehlen
Wenn`s ihnen gänzlich stinkt
Und ein Geniestreich zuhause winkt

Die sichersten Entscheidungen er fällt
Gänzlich auf sich allein gestellt
Vor großen Posten drückt er sich gern
Lebt halt auf `nem and`ren Stern

---

[1] Genius, in der römischen Mythologie ein Schutzgeist. Man glaubte, dass jeder Person, jeder Familie und jeder Stadt ein Genius innewohne. Dem Genius wurde als Hausgott besondere Anbetung zuteil, weil er seinen Anhängern Erfolg und geistige Fähigkeiten gewähren sollte. Aus diesem Grund bezeichnete dieses Wort später eine Person mit ungewöhnlichen geistigen Fähigkeiten. Dem Genius des Mannes entsprach bei der Frau zuweilen die Juno. In der Kunst wurde der Genius einer Person oft als geflügelter Jüngling und der Genius eines Ortes als Schlange dargestellt Microsoft ® Encarta ®

[2] Aquarius: der Wassermann

Finanzen

Das Finanzross reitet er leider nicht
Und so gleitet die Kohle schlicht
Dem Knappen
Durch die Lappen
Doch er freut sich d`ran
Wenn der and`re was d`raus machen kann
Auf Schätze zielen sie nicht ab
Werden nicht schwach, werden sie knapp

Geist und Seele werden von nicht Materiellem befeuert
Und so ihr Streben immer wieder steuert
Auf solche Dinge hin
Die fasziniert ihr Forschersinn
So kommt es nicht von ungefähr
Dass einträgliches Salär
Sichert ihren Bestand
In oft vornehmem Gewand

Als Kinder

Schon als Knirps setzt er alle Sinne ein
Steckt überall seine Nase rein
Will forschen und erkunden
Am liebsten sogleich die Erd` umrunden
Dreht alles um und wendet
Nimmt wahr, was klar ist und was blendet
Selbst wenn er noch nicht sprechen kann
Ja, so ist der Wassermann

Und hat er erst die Sprach` erlernt
Ist er nicht weit davon entfernt
Zu stellen viele Fragen
Die die Großen plagen

Als Eltern

Das Erleben des Fortschritts und Wachsens in jedem Moment
Ist für den großen Aquarius schon `nen Experiment
Er freut sich oder steht einfach nur staunend da
Vergisst schon mal die Salbe fürs Rheuma

Endlich kann er reichlich Wissen weitergeben
An junges, neugieriges Leben
Das dankbar dafür ist
Und es nie vergisst
Er kann ihm vorlesen und erklären
Der Kleine wird sich nicht beschweren
Darf an der langen Leine laufen
Freiheit erleben und sich raufen

Liebe

Da der Aquarius sehr gesellig ist
Auch in Liebesdingen Aktivist
Stürzt er sich gern in eine bunt gemischte Menge
Und ist sie noch so enge
Menschen beobachtet er gern
Und fraget sich, von welchem Stern
Dieser oder jener ist
Der beim Bäcker sein Brot vergisst
An Freundschaften und Gefühlen findet er Gefallen
Und irgendwann dieselben wallen
Und verlangen nach einem Kuss
Wenn`s denn wirklich sein muss
Denn in Sachen Liebe handelt er eher kühl
Unter besonderem Kalkül [3]

Gefühle werden deutlich selten angesprochen
Eher wird ins Gehäus` zurück gekrochen
Verlegen machen ihn starke Emotionen
Solche ihn leicht entthronen

Romeo war sicher kein Wassermann
Jeder kommt irgendwann an Grenzen an
Die er nicht zu überschreiten vermag
Nicht mal an seinem besten Tag
Und immer wieder er mit sich ringt
Ob er ihr wohl Blumen mitbringt
Seine in Herzensdingen hölzern geschnitzte Natur
Steht in verblüffendem Gegensatz zu seinen Geistesblitzen
Hier die Unbeholfenheit pur
Dort ein Mensch, der gefällt mit Worten und Witzen

---

[3] Kalkül: Berechnung

Zu seinen Tugenden zählt Aufrichtigkeit
Und so ist er auch nur zu Gefühlsbekundungen bereit
Wenn er wirklich spürt
Was ihn zum ander`n führt
Da es ihm nicht behagt
Wenn er die Unwahrheit sagt
Sollte man besser nicht auf Liebesschwüre besteh`n
Sondern in sein Herz rein seh`n
Wo dies nicht gelingt
Stimmungsschwankungen bedingt
Mag der Partner deuten and`re Zeichen
Und schau`n, ob sie sich gleichen
Ist er beispielsweise in des Partners` Gegenwart beschwingt
In seinem Herzen womöglich ein Liebeslied erklingt
Und hat er erst mal ein Versprechen gegeben
Wird man einen treuen Wassermann erleben

Treu ist er damit auch seinem Ideal
Der Treue allemal

Auch seine Selbstdiszipliniertheit steht dagegen
Dass er sich auslebt auf Abwegen

Mehr als Liebe bedeutet ihm wahre Freundschaft
Weil sie echte Verbindungen schafft
Teils, weil Liebe nur zögerlich in ihm reift
Teils, weil er das Ideal der Freudschaft leicht begreift
Auch ist dies leichter zu bewahren
Nach vielen Jahren

Wer nicht nur `nen Liebhaber sucht, sondern auch `nen freund-
schaftlich gesinnten Genossen
Sucht unverdrossen
Nach einem Wassermann
Der Liebe und Freundschaft vereinen kann

Wer stets nach Prinzipien lebt und ehrbar ist
Der vergisst
Dass dies einen weniger Besessenen dazu treibt
Dass er ausschert und an des ander`n Nerven reibt
Nur um diesem ein Gefühl zu entreißen
Würd` er sich ins Feuer schmeißen

Sein Eis schmilzt nicht bei Tränen
Das brauchen wir nicht zu erwähnen
Er sitzt die Sache aus
Verlässt gekränkt das Haus
Oder beobachtet wissenschaftlich den Tränenfluss
Trost spendet er nicht, auch keinen Kuss
Entschuldigungen verlassen nur mühsam seine Lippen
Da geht er lieber Schnee schon schippen

Er ist ein guter Psychologe und kann gut analysier`n
Die Lösungen ausfantasier`n
In dieser Kunst versteht er sich so gut
Dass man ständig zieht den Hut
Nur in eig`nen Gefühlsdingen
Ist er ständig mit sich am Ringen
Davon, was er fühlt, hat er nur `ne dumpfe Idee
Doch sie umzusetzen tut ihm weh

`Ne Partnerschaft auf Augenhöhe und gleichem Grat
Für die ist er nicht zu schad`
Kultur und Intellektuelles zieh`n ihn an
Ja, so liebt der Wassermann

Wasserfrau

Die Wasserfrau ist so gebaut
Dass Eintönigkeit sie ergraut
Wenn sie nicht monatlich die Möbel umbaut

Sie liebt wechselndes Programm
Ist se auch noch so klamm
Auf diese Weise gibt sie kund
Dass ihr zur Stund`
Irgendwas missfällt oder fehlt
Auf das sie bisher sehr gezählt

Ein zünftiger Krach – dann und wann
Notfalls mit dem eig`nen Mann
Ist schnell entfacht
Bis es heftig kracht
Solches ist von reinigender Kraft
Die auch Klarheit schafft
Sind die Rauchschwaden erst verzogen

Ist man dem ander`n schon wieder gnäd`ger gewogen
Ungelogen

Wasserfrauen sind quietsch lebendig, glamourös
Charmant und pompös
Ein Kinderspiel ist`s zu schaffen
Dass alle Affen
Nach ihnen gaffen
Doch g`rade der, der nicht hinschaut
Auf den hat sie gebaut
Der ihr Freiheit lässt und ihr Wesen erkennt
Für den sie entbrennt
In Liebe und Leidenschaft
Ist er auch mal unpässlich oder in Haft

Sinnlich kann sie sich ergeben
Auch Gefühlskälte kann man erleben
Ihre Reaktionen sind nicht einzuschätzen
Bald kann sie loben - bald verletzen
Wer Abwechslung liebt, wer nicht mag gern rosten
Kommt bei ihr voll auf seine Kosten
Sie ist sehr originell
Unabhängig und merkt schnell
Ob ihr Kavalier
Stammt aus dem rechten Revier

Fehler sie nicht verschweigt
Doch sie zeigt
Sie gern am falschen Ort, zur falschen Zeit
Wenn der Kavalier zu solchen Geständnissen gar nicht bereit
Wer sie ehrt, nimmt es zur Kenntnis und hält den Rand
So handelt man mit Verstand

Sie gibt mehr als sie nimmt
Dabei ihr nicht das Blut gerinnt
Für den Geliebten gibt sie ungehemmt
Ihr letztes Hemd
Und wird sie enttäuschst von ihren Gefühlen
Wird sie nicht erkühlen
Und beim nächsten Mal in ihrem Verhalten
Ganz genau so schalten

Ernst macht sie eher mit dem fröhlichen Mann

Der an ihrer Seite kann
Viel Spaß haben
Sich an so mancher schönen Sache laben
Mit ihr schreiten, galoppier'n oder traben

Gefälligkeiten nimmt sie gerne an
Was sie aber nicht gut kann
Ist jemanden zu bitten um Hilfe
Eher versteckt sie sich im Schilfe
Irgendwann wird sie den Unaufmerksamen tadeln
Und aus Protest nicht mehr mit ihm radeln

Und manchmal fehlt es nicht viel
Da erinnert sie im schönsten Liebesspiel
Eine verwerfliche Freveltat
Wohl wissend, dass jener im Spagat
Verlegen ist um teuren Rat

Und wirft dieser resigniert das Handtuch
Verfolgt ihn lang noch ihr Fluch
Wie kann er bloß aus nicht'gem Grunde
Verlassen seine Kunigunde
Dass sie jedoch spiritus rector [4] der Tragödie war
Wird ihr nicht klar

Den Partner glücklich zu seh'n
Ist gleichwohl ihr willkommenstes Gescheh'n
Eig'ne Befriedigung stellt sie gern zurück
Für gemeinsames, großes Glück
Selbst unerfüllt mag sie noch lange verweilen
Und Zärtlichkeit austeilen

Wassermann-Mann

Es wäre vielleicht etwas dreist
Wenn man seinen Forschergeist
Mit Frauen in Verbindung brächte
Der wilde Nächte
Mit wechselndem Freiwild einfach braucht
Und danach wieder untertaucht

---

[4] Spiritus rector: der Auslöser

Mit spannenden Geschichten und Fantasie
Fesselt er bald Rosa, bald Marie
Doch ohne geistige Bande
Bringt er im Fleischlichen nix zustande
Seine eig'nen Gefühle gibt er nicht zum Besten
Aber die der Weibchen möcht' er testen
Und schreibt seine Ergebnisse auf
Hat`s dann beim nächsten Mal schon besser d`rauf
In Sachen Sex ist er eigentlich
Unverbindlich
Selbst die heißeste Nacht ist kein Garant
Dass er die Frau danach noch kannt`

Als stolzer Gockel gibt er Kränkungen nicht preis
Derlei Gefühle legt er lieber auf`s Eis
Egal, wie heftig er leidet
Sie zu teilen er meidet

Da Freiheit für ihn ein kostbares Gut
Reizt er den ander`n bis zur Glut
Indem er nicht anzugeben vermag
Den Ort, die Stunde, den Tag
Für`s nächste Rendez-Vouz
Sich festzulegen ist Tabu

Triebfeder ist sein Forschen nach der Superfrau
Die alles hat und kann und ganz genau
Passt zu ihm – dem Super-Wassermann
Der ebenfalls – fast – alles kann

Einzufangen ist er nicht leicht
Und die, die das erreicht
Hat ihm – vielleicht
`Nen Beweis dafür auf den Tisch gelegt
Der ihn zutiefst bewegt
Sodass er sich`s halt überlegt
Zu leben mit der Frau, die durch dick und dünn
Zu gehen bereit ist, egal wohin
Als Kameradin ihm zur Seite steht
Auch wenn`s ihm nicht gut ergeht

Ergebnis

Zusammengefasst kann man nicht klagen
Und in zwei Zeilen ist zu sagen:
Wer Vielseitigkeit liebt
Ist froh, dass es ihn gibt

Fische

Wenn der Winter seine letzten Runden dreht
Und schon mal ein warmes Lüftchen weht
Klopft der Frühling in stiller Vorfreude schon mal mit Recht
An das Inn`re der Eischale – wie ein Specht
Hofft, dass sie bald bricht
Und er mit bunten Farben sticht

Menschen, die in dieser Zeit
Zum Ausschlüpfen liegen bereit
Sind schon von Geburt an sehr entzückt
Mit einer starken Psyche bestückt
Was sie gern aber verschweigen
Und ohne Not die Friedensflagge zeigen

Neptun [5]beflügelt ihre Fantasie
Und Glück ist via[6] Jupiter mit von der Partie
Irgendwie sind Fische eine bunte Mischung aus allen Zeichen
Deshalb sich teilweise auch mit allen gleichen
Einem Chamäleon ähnlich schlüpfen sie in alle Rollen
Die sie wollen oder bekleiden sollen
Sie sind aus so vielen Farben komponiert
Dass man sich fragt, wann der Kern endlich dominiert

Sie durchleuchten mit einem beherzten Geist
Und treffen ins Schwarze zumeist
Die Fähigkeit, die Relativität der Wirklichkeit betrachten zu können
Ist ihnen neidlos zu gönnen
Sie führt zu Toleranz unweigerlich
Und gespiegelt mit dem Ich
Kann man den ander`n kaum verdammen
Man kommt also irgendwie und harmonisch zusammen
Kritiker nennen diese Mischung opportun[7]
Schuld ist nur Neptun

Mit scheinbarer Gelassenheit

---

[5] Neptun: in der römischen Mythologie Meeresgott, Sohn des Gottes Saturn und Bruder des Jupiter, Herrscher der Götter, Gott der Toten. Microsoft ® Encarta ® Enzyklopädie
[6] Via: über
[7] Opportun: zweckmäßig

Sind sie bereit
Schicksalsschläge zu erleiden
Konflikte sie halt meiden
Still ruht der Fisch
Wenn ihn sein Partner trennt von Bett und Tisch
Sein Chef ihn bloß stellt
Das Finanzamt ihn um den Lohn der Arbeit prellt
Seine Vermieter ihn auf die Straße setzen
Und selbst seine Kinder ihn beleidigen, verletzen
Unglück, so scheint`s, steht in seinem Plan
Ganz oben an
Dankbar erwartet er die Schläge
Zahlt gern alle Beträge
Wenn nur Ruhe ist im Karton
Jeder wird glücklich nach seiner Facon[8]

Vielleicht der Fisch etwas versteht
Das ander`n Zeichen entgeht
Möglich, dass das Unglück ihn deshalb nicht so drängt
Weil er nicht so sehr am Irdischen hängt
Er sehnt sich nach etwas, das die Ufer überschreitet
Seine Sinne weitet
Für das Magische, Unfassbare `ne Träne weint
Neben dem das Gewöhnliche trivial und konturlos erscheint

Zerstörerische Triebe
Stoßen bei ihm auf wenig Liebe
Habgier, Ehrgeiz und Machtstreben
Haben wenig Einfluss auf sein Leben
Sind für den Fisch nur Illusion
Was bedeutet das schon

Dem Krebs und dem Skorpion gleich
Bewegen sie sich in einem Bereich
Wo sie instinktiv des ander`n latente Motive
Vermeintliche Superlative
Mühelos enttarnen
Und and`re geschickt vor solchen warnen
Schwer ist`s, einem Fisch was vorzumachen
Eher besiegt die Maus den Drachen
Der Fisch nimmt wahr, wird traurig und vergibt

---

[8] Facon: Art

Gern lässt er sich betrügen, wenn er liebt

Fische leben in tief'ren Gefilden
Wo sie grübeln und bilden
Fantasien und Gedankengänge aus
Die dem Rationalen zuweilen sind ein Graus
Weil dessen Welt für sie kaum auszuloten ist
Schelten sie ihn „Illusionist"
Nichts ist einfach oder klar
Nichts bleibt so wie es mal war
Alles wird in Frage gestellt
Er wacht erst auf, wenn der Hund schon bellt

Sie brauchen Blumen für die Seele
So öffnen sich mystische [9] Kanäle
Mit ihrer Traumwelt sind sie dergestalt verbunden
Dass ihnen die Realität des Sozialstaats mag so recht nicht munden
So leben sie auch lieber im romantischen Dachgeschoss
Als im sozialen Plattenbau vom Genoss`

Schüchternheit wird nach Belieben
Mit aufgepfropftem Mut in die Flucht getrieben
Uneigennützig sind sie – und bescheiden
Deshalb kann sie jeder gut leiden

Das letzte Zeichen, die Vollendung des Tierkreises
sind die Fische
Und ihre ganz besond`re Frische
Gewinnen sie aus der Mixtur
Aus allen Zeichen, gewollt von Mutter Natur
Und weil sie aus allen Zeichen komponiert
Der Fisch damit imponiert
Dass er die Motive der ander`n versteht
Selbst wenn ihm der Spaß dabei vergeht

Zwar schwimmen sie in entgegengesetzten Richtungen ihre Runden
Sind aber durch ein güld`nes Band miteinander verbunden
Und tauschen ihre Erfahrungen aus
Wenn sie wieder sind zuhaus`

---

[9] Mystisch: geheimnisvoll, rätselhaft

Zwei Dimensionen treffen im Fisch aufeinander
Und reißen ihn zuweilen auseinander
Die eine symbolisiert Tatsachen, greifbare Realitäten
Die and`re aber gewisse Spezialitäten
In Gestalt z.b. einer Meerjungfrau, die sich an den Strand wohl traut
Sich am Sonnenschein erbaut
Und die Sterblichen dort ins Schwärmen bringt
Dass mancher mit dem Verstande ringt

Der Fisch, besonders der, der zum Mystischen neigt
Ein Bewusstsein dahin zeigt
Der Mensch sei ein Zwischenprodukt
Welches die Natur nur peripher [10] durchzuckt
Auf dem Wege vom Animalischen zum Göttlichen ist
Und deshalb irdische Belange leicht vergisst
Im Bewusstsein dieser Pole verstrickt
Wird`s zuweilen recht verzwickt
Wenn der eine Pol g`rad dann erscheint
Wenn der and`re dominiert und jener schien angeleint
Deshalb um die Fische die Aura[11] schwirrt
Sie seien leicht verwirrt

Sie sind wie die Zwillinge von zwielicht`gem Wesen
Während der eine mag lesen
Strebt der and`re zum Tresen
Doch wer deshalb auf `nen zaweifelhaften Charakter schließt
Zuviel Triviales liest

Neptun beherrscht ihre Wege
Der trügerischen Hoffnung Stratege
Der für das mystisch[12], unfassbare Wesen der Fische steht
Der Träume, Geheimnisse und Fantasien` Planet

Fische gelten als außerordentlich wandelbar
Fantasievoll, geschickt und wunderbar
Ihre Gedanken sind stets im Fluss
Ihre Gefühle ersehnen einen Kuss
Und sie würden viel d`rum geben

---

[10] Peripher: am Rande
[11] Aura: Schein
[12] rätselhaft

Hätten sie 'nen Plan für's Leben

Sich selbst nehmen sie gern zurück
Geht's um des ander'n Glück
Diskussionen meiden sie wie die Pest
Ziehen sich lieber zurück ins Nest
Gefahren werden galant umschwommen
Bevor sie Angst bekommen

Eine harmonische Umwelt wird benötigt
Und diese zum Verständnis, zur Geduld und Zuneigung genötigt
Die Nähe eines Fisch's ist niemals trist
Weil er eine Mischung aus allen Zeichen ist
Und wer den Fisch im Kern hat verstanden
Kann bei jedem ander'n Zeichen landen

Wunder Punkt

Der Geist sieht gern in die Ferne
Dorthin, wo leuchten viele bunte Sterne
Deswegen ist es schon ein gutes Zeichen
Wenn man ihn antrifft, kann ihn erreichen
Da er auf fernen Sternen gern zu Gast
Nennt man zu Recht ihn 'nen Fantast
Seine Problemflucht und sein Schwenken
Unfähigkeit, Dinge gründlich zu durchdenken
Erfüllen den mit Groll
Der mit ihm zu tun haben soll
Klammert sich auch gern und unverdrossen
An wohl gesonn'ne Zeitgenossen
Appelliert an das inn're Band
Erwartet frohlockenden Beistand
Wo dies nicht klappt
Ist er eingeschnappt
Und trägt dem ander'n dies lange nach
Zuweilen bis ins Schlafgemach

Sie verlier'n sich gern in Träumen, Illusionen
Selbst in Depressionen
Wenn sich ihre Träume zerschlagen
Schlägt's ihnen nicht nur auf den Magen
Zieh'n sich dann in ihr Schneckenhaus zurück
Suchen womöglich im Wein ihr Glück

Empfindlich sind sie, verletzbar
Und für jeden dankbar
Der sie mit neuer Energie und Lebenskraft versorgt
Sie ihnen schenkt und nicht nur borgt

Gilt´s für irgend `nen Erfolg zu kämpfen
Ist dies verbunden mit Krämpfen
Warum kann nicht der Preis widerstandslos erreichen den Hafen
Während sie schlafen
Sie reagier`n zuweilen wie benommen
Lassen alles auf sich zukommen
Und hoffen auf `nen glücklichen Knall
Der ihr Pech bringt zu Fall

Bequemlichkeit ist schon ein hohes Gut
Die ihnen recht gut tut

Wenn Probleme aber sind zu knacken
Manifestieren [13] sie ihre Macken
Flüchten sich in eine Welt von Träumen
Statt sich gegen den Feind aufzubäumen
Schwenken selbst dann die weiße Fahne
Wenn ihre Argumente aus allerbester Sahne

Weil das Meer scheinbar grenzenlos ist
Der Fisch qua Natur leicht vergisst
Dass Grenzen einzuhalten sind auf Erden
Will man dort was werden
Er kann essen, bis der Eingang zum Ausgang sich verkehrt
Saufen bis zum Umfallen völlig unbeschwert
So laut und ausgelassen sein
Dass viele kommen überein:
Das ist kein Fischlein, sondern Schwein
Das Übermaß ist seine Schwäche
Zumeist er selbst zahlt die Zeche

In einem Haus, in dessen Wohnzimmer
Ideale, Hingabe, Güte, Gnade und noch schlimmer
Reinheit und Mitgefühl dominieren
Kann der Keller nicht brillieren
Hier wird ein Schatten lauern

---

[13] offenbaren

Und der Fische Leben überdauern

Ob der Fisch nun Heiliger oder Tyrann
Der Macht dadurch ausüben kann
Dass er im ander`n ein Gefühl erweckt
Dass jener hoffnungslos ergeben seine Waffen streckt
Ist schwer herauszufinden
Und trübt das Befinden

Im tiefsten Inn`ren fühl`n sie sich ohne Waffen
In ihrer Fantasie wähnen [14] sie, dass alle nach ihnen gaffen
Ihrer besond`ren Qualitäten wegen
Erhoffen sie allerhöchsten Segen
Und erfahren sie diesen Segen nie
Fühlen sie sich als unerkanntes Genie

Nur selten ist der Fisch orientiert in Zeit und Raum
Deshalb ziert ihn oft vorm Munde Schaum
Wenn sich nicht in Wirklichkeit vollzieht
Was in Fantasie bereits geschieht

Im Spiegelbild des Fisches sind wir alle zu sehen
Unsere Sehnsucht, Ängste, unser Flehen
Unsere Schwächen, unser Streben
So ist halt das Leben
Unfreundlich ist es halt
Anstrengend und kalt
Statt dass einem alle Türen stehen offen
Ist man von horrenden Rechnungen besoffen
Ach, könnt` die Welt doch nur erkennen
Welche Feuer in ihnen brennen
Sie kann`s halt nicht, es ist, wie`s ist
So`n Mist

So ist mancher Fisch am Ende desillusioniert
Vergrämt und frustriert
Der nie wieder `ne Zeile schreibt
Und jeden fruchtbaren Gedanken vertreibt
Fühlt sich verbittert, vom Leben betrogen
Und in die Tiefe gesogen

---

[14] Wähnen: vermuten

Erst, wenn er versteht
Dass es um ihn persönlich geht
Dass die Welt ihm friedlich gesonnen
Kann er dem Untergang entkommen
Wenn er den göttlichen und sterblichen Aspekt seines Lebens begreift
Er zum Lebenskünstler reift

Die Neigung, sich für ehrbare Ziele aufzuopfern, ist wohl ausgeprägt
Berechtigte Zweifel werden gern hinweggefegt
Sie verfallen auf dieser Reise - ihrem Zeichen adäquat
Leicht in einen Verzückungsgrad

Sie sind die Vollendung des Tierkreises, ihr letztes Glied
Prädestiniert für den Abschied
Sie können opfern, alles überwinden
Sich auflösen und verschwinden

Berufliches

Sie sind mit dem sechsten Sinn beschatzt
Der wie ein Quell aus ihren Träumen platzt
Beruflicher Erfolg fußt auf ihren Antennen
Komplexeste Sachverhalte zu erkennen
Als Sherlock Holmes eignen sie sich sehr
Als Wahrsager machen sie viel her
Auch als Vertreter mystischer, geheimer Lehren
Können sie ihren Ruhm mehren
In kreativen Berufen kommen sie gut zurecht
Denn ihre Imagination[15] ist nicht schlecht
Die Welt der Künste zieht magisch sie in ihren Bann
Ob sie nun als Künstler oder Kritiker müssen ran

Gern steh`n sie im Rampenlicht
Kritik mögen se nicht
Von der Welt der Reichen und Schönen werden sie angezogen
Um den Schauspielerberuf zieh`n sie keinen Bogen
Dort können sie in ihrer Fantasiewelt leben
Und beseelt nach den Sternen streben

---

[15] Vorstellungskraft

In einem größ`ren Unternehmen
Gibt`s Probleme mit dem Benehmen
Da sie sich nicht gern bevormunden lassen
Müssen se dieses bald verlassen
Unter Stress und Diktatur geht ihre Primel ein
Die nicht gedeiht unter Pein
Ellenbogen setzen sie nicht ein
Dafür sind sie sich zu fein
Vorurteile lassen se nicht gelten
Und selbst den größten Halunken werden se nicht schelten

Solange dieser Gefühle zeigt
Ist der Fisch zum wohlwollenden Verhandeln geneigt

Für ihre Freunde geht er durch`s Feuer
Schenkt her die letzte Heuer
Und tritt selbst dann noch für sie ein
Wenn diese denken, er muss bescheuert sein

Das in ihn gesetzte Vertrauen wird er niemals brechen
Heilig sind ihm auch Versprechen
Er trotzt dem Feind, er trotzt dem Wind
Selbst wenn and`re schon fahnenflüchtig sind
Da auch im übrigen er lange zaudert
Werden auch Geheimnisse nur unter Folter ausgeplaudert

Streben nach Titeln und Ehre sind nicht ausgeprägt
Auch Sparsamkeit ist nicht belegt

In der Schaltzentrale der Macht
Regieren Fische ganz sacht
Sie sind imstande, das Licht in die Finsternis zu schwenken
Bewusstsein zu schenken
Das ander`n den Schlüssel zu unbekannten Tiefen bringt
Aufleben lässt beschwingt
Das vermögen sie als Dichter, Maler oder Musiker
Schauspieler, Visionär und Dramatiker

Auch als Chef neigt er zu dienen
Von reiner Menschlichkeit beschienen
In einem Team von Geistesverwandten leben sie auf
Und lassen ihren Talenten freien Lauf

Finanzen

Materiell sind sie nicht eingestellt
Weil`s ihrer Seele so gefällt
Haben se Mücken auf der Naht
Geben se se aus, wird nicht gespart
Gern gehen sie Schwindlern auf den Leim
Vertrauen und fallen herein
Weil sie auf das Gute im Menschen schau`n
Werden sie leicht über`s Ohr gehau`n
Reichtümer können so nicht geschaffen werden
Wenn man beschissen wird auf Erden
So sind sie halt schon zufrieden
Die Menschen sind ja so verschieden
Wenn sie nicht mehr verschwenden
Als sie geschaffen mit ihren Händen

Da der Traum sie doch sehr befeuert
Wird für den Notfall nichts beigesteuert
Doch nicht alle Fische enden im Armenhaus
Viele gestalten ihre Talente so aus
Dass sie zu achtbarem Wohlstand gelangen
Und Geld verschwenden ganz unbefangen
Dies setzt jedoch `nen pfiff gen Berater voraus
Sonst wird da nichts d`raus

Als Kinder

Die engelsgleichen Seelen
Das woll`n wir nicht verhehlen
Können so manches Herz erweichen
Ohnegleichen
Erziehung mit Feingespür
Öffnet so manche Tür
Auf sich allein gestellt
Erschaffen sie sich eine Welt
Getrieben von Fantasie
Gefüllt mit Magie
Erfinden wunderbare Geschichten
Lernen reimen und dichten
Auch bildhaft versteh`n sie sich auszudrücken
Versetzen and`re in Entzücken
Auch Musik liegt ihnen im Blut

Musizieren sie, geht`s ihnen gut
In Tagträume entfleuchen sie gern
Finden sich plötzlich auf `nem an`dren Stern
Auch Mißtrauen leicht in ihnen wallt
Aufdringliche Kinder lassen sie kalt

Als Eltern

Astrologisch steh`n die Fische im Zeichen
Der Fülle und Fruchtbarkeit ohnegleichen
So haben sie unter gewissen Umständen
Gegen den Paarungsakt nichts einzuwenden
Kinder nehmen se gern in Kauf
Denn in der Elternrolle leben sie auf
Für ihre Kleinen steh`n sie stets bereit
Geh`n in der Fürsorge aber oft zu weit
Nachgiebig sind sie, wenn sich`s d`rum dreht
Dass der Kleine Regeln umgeht
Konflikte mit dem Spross sie gern meiden
Sonst müssen sie lange leiden
So lassen sie ihnen oft ihren Willen
Statt sie mit Argumenten zu drillen

Liebe

Eine gewisse Aura [16] umgibt die Fische
Ein besond`rer Glanz, `ne gediegene Frische
Zuweilen sind se wie ein Reh, so furchtsam
Dann auch wieder offensiv, ohne Scham
Vom Wasser beherrscht ist der Fisch seinen Emotionen
Hilflos ergeben und folgt Stimmen, die ihn schonen
Und ihn zu einem Plätzchen führen
Wo keiner mag Zwietracht schüren
Von einer verwandten Seele träumen sie
Mit der stimmt die Chemie

---

[16] Aura (lateinisch *aura:* Hauch, Schein).In der Esoterik wird der Begriff zur Bezeichnung für ein angebliches, den menschlichen Körper in Form eines Lichtkranzes umhüllendes Energie- oder Schwingungsfeld, das von der Persönlichkeit und dem Zustand der jeweiligen Person geprägt ist, verwendet. Die Aura soll von sensitiven Menschen optisch wahrnehmbar sein und sichtbar gemacht werden können. Microsoft ® Encarta ® Enzyklopädie

Mit einem Partner, der sie liebt, schützt und umsorgt
Die profanen Alltagsprobleme löst und ihnen ihr Öhrchen borgt
Und selbst wenn er arm ist und ohne Kies
Leben sie mit ihm wie im Paradies
Und geben auf ihre Art Stück für Stück
Was sie empfangen dem ander`n zurück

Die Fische haben so viel Liebe zu geben
Dass sie ständig lieben im Leben
Und ist`s kein Mensch, ist`s ein Tier oder ein Gedicht
Der liebe Gott, oder die Pflicht
Niemand sollte es versäumen
Wenn sie vor Liebe überschäumen
In ihrem Schaum zu baden
Das kann nicht schaden

Das ist Liebe pur
Wie sie geschaffen Mutter Natur
Und wer nicht weiß, was sie bedeutet
Tunlichst an der Schuppe eines Fisches läutet
Und diesen danach befragt
Was ihn an der Seele nagt

Fische werden von vielen angezogen
Viele sind auch den Fischen sehr gewogen
Wer gelebte Treue höher handelt
Als tiefe Harmonie, der wandelt
Lieber auf ein and`res Zeichen zu
Sonst lässt ihn Eifersucht keine Ruh`

Wer Fische beschreibt
Sicher nicht übertreibt
Wenn er Begriffe wie `Irreführen`verwendet
Und sich vergleichend ander`n Zeichen zuwendet
Mit der berechnenden Diplomatie des Steinbocks sind sie nicht zu vergleichen
Auch der Vergleich mit der Geheimniskrämerei des Skorpions muss weichen
Selbst die geistigen Purzelbäume des Zwillings steh`n auf `nem ander`n Blatt
Gell, da seid Ihr platt

Wer zur selben Zeit so viele Dinge sieht und schätzt

Auch gern über alles schwätzt
Aber den Fokus auf nur einen Teil zu richten
Ihn zu erklären, ihn zu belichten
Ist für den Fisch ein schweres Los
Der sich fragt, wie mach` ich`s bloß

Wer ein bewegtes Leben über die Monotonie stellt
Und bei `nem Fehltritt nicht gleich bellt
Der mag im Strom der Gefühle des Fisch`s erblüh`n`
Und vor Lebensfreude nur so sprüh`n
Die Beziehung zum Fisch als belebend erleben
Und sich ihm mit Freuden immer wieder ergeben
Seine Träume muss man ihm schon lassen
Vor Staunen wirst Du erblassen
Wenn er ein Bild von and`ren Dimensionen
Traumburgen, Schatzkammern und Visionen
Aufzeigt
Und den verlockenden Zauberberg mit Dir besteigt

Fischin

Die Fischin ist von manchem Geheimnis umgeben
Auffällig ist ihr Streben
Ihre Seele unter Verschluss zu halten
So lässt sich manches leichter gestalten

Da sie Ängste zu Frohsinn wandelt
Wird sie oft als oberflächlich gehandelt
Mit Raffinesse, Tränen und Schauspiel
Rettet sie so manchen Mann ins Ziel

Die Damenrolle spielt sie perfekt
Angelt mit Charme, nicht mit Wurm oder Konfekt
Und der Ritter, der ihr Herz erreicht, sie versteht
Bald mit ihr unter Mondenschein im Park spazieren geht
Und sie genießt dies selbst dann noch
Wenn er zuvor beim Tanzen ihr auf die Füße kroch
Aufmerksame Zuhörer sind gern geseh`n
Sie steh`n im Verdacht, sie zu versteh`n

Es braucht schon ihre Zeit
Bis sie erklärt sich bereit
Dass man als Mann

Mit ihr allein sein kann
Es bedarf schon einer Menge Süßholzraspelei
Wundertaten oder Imponiererei
Ihre Festung ist nicht so leicht zu nehmen
Mag sie sich auch den Anschein danach geben

Wenn sie vor einem Ritter hinfiel
War stets Liebe mit im Spiel
Und geht es im Sex richtig rund
Gibt sie ihrer Unschuld Mimenspiel kund

Mit der Zeit gewöhnt sich der verliebte Wicht
An ihr Bühnenlicht
Das sie ihm rosarot
Geschmiert auf's Brot

Doch hat sie sich erst für ihn entschieden
Werden Bühnenspielchen zusehends vermieden
Er nennt dann eine wunderbar Hingebungsvolle sein eigen
Von ander'n Qualitäten ganz zu schweigen
Als Hausfrau ist sie nicht perfekt
Und wenn's dem edlen Ritter schmeckt
Selbst den Besen zu kehren und das Mahl zu bereiten
Gibt's darüber nichts zu streiten

Stets ist sie bestrebt
Dass man gefühlvoll zusammenlebt
In die Tiefe der Seelen hinab zu tauchen
Ohn' dabei zu fauchen
Gleichklang der Herzen und Seelen
Darf niemals fehlen
So gesehen ist auf des Herzens Gebiet
Eigentlich der Krebs ihr Favorit
Nur über die wechselseitig fürstlichen Launen
Mag der and're zuweilen staunen

Die Fischin gern in Rätseln spricht
Selbst in puncto Schwergewicht
Ist tief und unergründlich wie das Meer
Wer sie liebt, hat's nicht schwer
Das Meer selbst als etwas Wunderbares zu erleben
Mit seiner Stille, selbst seinem Beben

Der Fischerich

Manche Fischeriche sind dergestalt überwältigt
von ihren Visionen
Dass sie lieber in einer zerbrechlich` rationalen Welt wohnen
Manche sind bestrebt
Das, was sie an sich selbst fürchten und in ihnen lebt
Mit Vehemenz an ander`n anzugreifen
Dabei woll`n se nicht begreifen
Dass sie Täter und auch Ofer sind
Für manches Ding sind se halt blind

Gefühle and`rer sind kaum zu ertragen
Solang` die eig`nen mächtig nagen
Wer die eig`ne Verwundbarkeit erkennt
und sie nicht als seinen Feind benennt
Wird seh`n, dass sie neben dem Männlichkeitsideal existieren kann
Und ihn nicht schlechter stellt – als Mann

Der Fisch, der diese Pole akzeptiert
Als seltenes Exemplar seiner Spezies brilliert
Und wer fernerhin seine Männlichkeit erhält
Ohn` abzutauchen in die Meereswelt
Mag sich als Held vieler Romane seh`n
Den wir als sanftmüt`gen Streiter wunderbar versteh´n
Dieser Fisch`rich vereinigt das Männliche und Weibliche dergestalt
Dass der Lebensfluss kennt keinen Halt
Und wer dabei in keine Extreme verfällt
Wunderbar taufrisch sein Charisma [17] erhält

Der and`re Fisch `rich liebt starke Frau`n
Solche, die ihn aufbau`n
Die selbst dann noch an ihnen hängen bleiben
Wenn sie nur Unvollendete schreiben
Oder illusionäre Bilder malen
Über die die Sonne der Realität wird niemals strahlen

Es ist nicht des Fischers Stil
Der auch selten einer Frau gefiel

---

[17] Charisma: Leuchtkraft, Glanz,

Sie mit Gewalt in sein Gemach zu schleppen
Sich halten zu lassen für `nen lüster`n Deppen

Im Kampfe bietet der Fisch´rich nicht seine Stirn
Nein, er beugt ganz weit nach hinten sein Gehirn
Dass der Aggressor auf die Schnauze stürzt
Und seinen Gaumen mit Hundescheiße würzt

Es scheint, als könne er kein Wässerchen trüben
Kritiker meinen, das müsse er üben
Er ist stets von liebreizenden Damen umschwärmt
Weil er ihre Seel` erwärmt

Mit seiner liebreizenden Freundlichkeit er beglückt
Mit einem großen Herzen ist er bestückt
Ein romantischer Träumer auch im privaten Bereich
Manche Deern spielt ihm `nen üblen Streich

Von Amors Pfeil getroffen, man nehm` es ihm nicht krumm
Redet er viel um den heißen Brei herum
Während er schon mal kostet von der Speise
Genüsslich, sacht und leise
Er kann sich halt schlecht entscheiden
Und wenn er merkt, er kann sie leiden
Ist sie vielleicht schon abgesprungen
Weil ein and`res Liebeslied erklungen

Klug beraten ist die Frau
Die nach intensiver Herzbeschau
Erkennt des Fischmanns Qualität
Bevor es ist zu spät
Die erkennt
Dass er fortrennt
Wenn sie ihm nicht beizeiten
Bereitet warme Mahlzeiten
Ihn nicht hin und wieder aus seinen Träumen reißt
Und ihn auf den Boden der Tatsachen schmeißt
Bevor er beginnt zu spinnen
Und verliert, ohn` zu gewinnen
Sie darf nie vergessen, ihn zu verwöhnen
Gern hört er sich vor Wonne stöhnen
Die Wahrheit akzeptiert er gern
Wenn sie ihn führt zu seinem Kern

Es gilt, seine Seele zu massier'n
Und dabei könnt'es schon passier'n
Dass sie denselben Traum träumen
Doch muss sie sich beizeiten aufbäumen
Um auf das Leben umzuschalten
Wenn sie ihn mag behalten
Im Einzelfall muss sie eine List erfinden
Will sie langfristig ihn an sich binden

Ergebnis

Zusammengefasst kann man nicht klagen
Und in zwei Zeilen ist zu sagen:
Das Meer ist tief, das Meer ist weit mit Fischen gibt`s kaum
einmal Streit

Widder

Von Ende März bis in den April
Ruft Gott ins Leben, wenn er will
Auch die Widder, die ganz kleinen
Die noch wehrlos zu sein scheinen
Und wie das Wetter zu dieser Zeit
Zu jeder Überraschung stets bereit

Der Widder ist das erste Sonnenzeichen
Und wie der Winter dem Frühling hat zu weichen
Ist er ohnegleichen
Ein Symbol bunter Farben, neuen Lebens
Kreativen Strebens

Und auf Veränderung getrimmt
Da in ihm ein gewisser Funke glimmt

Für den Widder im Training
Ist es ein ewiger Frühling
Ein Anreiz, die Herrschaft des Winters zu brechen
Und sich zu erfrechen
Neues Leben durch gefror'nen Boden zu treiben
Ohn'sich dabei aufzureiben
Er sorgt dafür, dass das Leben weitergeht
Er ist der frische Wind, der weht

Planet Mars, mythologisch Gott des Krieges und
der Leidenschaft
Schwingt über den Widder das Zepter der Herrschaft
Der Mut, der ihm vorauseilt ist deshalb nie ganz
Ohne Glanz
Für ihn ist das Leben eine Wonne
Selbst wenn's regnet scheint die Sonne
Wo auch immer er Gefahr wittert
Ist er schon bald hinein geschlittert
Fröhlich zieht er in den Kampf
Steht ständig mächtig unter Dampf
Will den Gegner nieder ringen
Und dabei ein fröhlich Liedchen singen

Feuer ist sein Element
Und wie das Feuer keinen Moment
Am selben Ort verweilt
Auch der Widder gerne eilt

Etwas zu beschicken – als wär`s `ne Sucht
Scheint ständig auf der Flucht
Manche sind so unerträglich von Energie befeuert
Dass man schon vom Zuseh`n dem Schlaf entgegen steuert
Er braucht Abwechslung eben
Für ein gewünschtes, aufregendes Leben
Wenn erst Langeweile sein Gemüt bestimmt
In ihm schlechte Laune glimmt
In dieser Stimmung lässt man ihn besser allein
Wer will schon gern sein Opfer sein

Ist erst der Rauch seiner Laune verzogen
Fühlt er sich bewogen
Ander`n deren Reaktionen nachzuseh`n
Verständnisvoll ist er – so geseh`n

Gegenüber Freund und Feind ist sein Verhalten bestimmt durch
die Ehre
Geradeso als wäre
Dies eine Weisung an die ander`n
Auf gleichen Pfaden zu wandern
Treu ist er und gibt von Herzen gern
Missgunst liegt ihm fern
Löst diese aber leicht in ander`n aus
Oh Graus

Weil er so überlebensgroß unerreichbar erscheint
Ist mancher Stachel wahrlich bös` gemeint
Er möcht` sich gern als Mythos [18] seh`n
Mag es, wenn and`re ihn auch so versteh`n
Er lebt auch gemäß dieser Vorgabe
Deshalb sein leicht arrogant anmutendes Gehabe

---

[18] Mythos (griechisch: Geschichte, sagenhafte Erzählung), religionsgeschichtlicher Begriff. Im Mythos wird der Versuch unternommen, frühe Kulturstufen, den Ursprung der Welt, ihr Ende, die Entstehung der Götter, die Erschaffung des Menschen oder bestimmte Naturphänomene in Erzählungen zu deuten. Aus seiner sinnstiftenden Funktion heraus gewinnt der Mythos Bedeutung für das Existenzverständnis des Menschen, er ist somit stets Ausdruck einer Weltanschauung. Die Gesamtheit der mythischen Überlieferung eines Volkes oder Kulturkreises wird als Mythologie bezeichnet.
Microsoft ® Encarta ® Enzyklopädie

Recht cholerisch ist sein Temp`rament
Und immer wieder kommt der Moment
Wo seine Sicherungen durchbrennen
Sodass Kurzschlussreaktionen sind im Rennen

Recht einflussreich ist dies Getier
Ähnlich einem Stier
Kämpfen gern in vorderster Reihe
Erwarten fürstliche Weihe
In einer Schlange hinten an zu stehen
Kann ihnen auf die Nerven gehen
Häuslichkeit ist nicht so ihre Sache
Auch was Gemütlichkeit betrifft sind se nicht vom Fache

Grenzen sind ihnen ein rotes Tuch
Deshalb stets auch der Versuch
Sie einzureißen
Selbst wenn sie dabei auf Granit mal beißen

Unverblümt ist ihr Weg und recht direkt
Was einigen nicht so schmeckt
Ihr Temp`rament treibt wunderbare Blüten
In Sälen wie in Kajüten
Leidenschaftlich können sie sich für Neues begeistern
Und mit dieser Energie and`re befeuern

Wenn sie den starken Max markieren
Wollen sie oft nur eig`ne Schwächen kaschieren
Und haben sie prophylaktisch die harten Hörner gesenkt
So mancher Spitzbube von dannen schwenkt

Sie eilen impulsiv durch`s Leben
Wollen halt viel erleben
Schreiten immer und stets zur Tat
Spielen auch gern mal `ne Portion Skat

Zu kurz kommt der Genuss
Zwischen Tür und Angel vielleicht `nen Kuss
Und kann er dabei noch `nen Hamburger verdrücken
Gerät der Widder in Entzücken

Wer so viel Dinge auf einmal kann beschicken
Dem mögen auch and`re Sachen glücken

Wie der Teufel fahren sie im Verkehr
Wer links fährt, der hat halt mehr
Knochenbrüche, Schnittwunden, Verbrennungen
Aussetzer in Erinnerungen
Ein Leben auf der linken Spur
Ruft recht bald nach der ersten Kur

Sein Denken ist vom Ehrenkodex [19] durchpflügt
Schmollt, wenn jemand lügt
Und einfach nicht anerkennt
Wofür seine Seele brennt

Erst, wenn sich das Böse wandelt, das Gute gedeiht
Man dem Widder manche Rauheit verzeiht
So gesehen sollte man an das Ergebnis denken
Und dem Widder mehr Beachtung schenken

Wunder Punkt

Was ihnen gehört, wollen se nicht teilen
Lesen nicht zwischen den Zeilen
Sie tun, was Spaß bereitet
Selbst wenn eines ander'n Wille dagegen streitet
Zarte Saiten anderer werden leicht übergangen
Zuviel Feingefühl ist nicht zu verlangen
Er will mit dem Kopf durch die Wand und seine Ungeduld
Ist wahrlich an manchem Schuld
Beulen, die er sich holt so manches Mal
Sind ihm gänzlich ganz egal

Wer ihm zu fad und zu pedantisch ist
Erhält keine Frist
Den wird er reizen
Mit Schmähungen nicht geizen
Bis dieser – aus der Reserve gelockt
Nicht mehr in der Stube hockt
Erst nach hartem Kampf, wenn Funken sprühen
Wird er sich um Harmonie bemühen

Sein Widerspruchsgeist wird angeregt

---

[19] Ehrenkodex: sittliche Richtschnur

Wenn sich vor lauter Harmonie nichts bewegt
Nörgelt herum, entfacht 'nen Streit
Bis auch der Friedfertigste zum Kampf bereit
Ein Tohuwabohu in seinem Revier
Ist schon ein geiles Lebenselixier

Die Welt des Widders besteht aus Helden und edlen Werken
And`res werden sie kaum bemerken
Sanfte Wegbegleiter, denen mit Sympathie und Engelszungen
Eine Einflussnahme war gelungen
Werden unterdessen
Bei der Siegesfeier schlicht vergessen

Seiner Verwegenheit wegen er Gefahren oft erst erkennt
Wenn es schon lichterloh brennt
Aus nicht`gem Anlaß setzt er leichtfüßig auf`s Spiel
Was ihm seit je gefiel
Er ist so ungestüm und unter`m Strich
Ist sein Fallstrick sein eig`nes Ich

Gern spannt er andere vor den Wagen
Wer nicht spurt, erntet Unbehagen
Tassen knallen, Türen fliegen
Der Widder will schließlich siegen
Auch frostiges Schweigen wird gern eingesetzt
Oder `ne Gardinenpredigt, die verletzt

Oft merkt der Widder nicht
Dass der andere schlicht
Eine entgegengesetzte Richtung eingeschlagen
Die jenem bereitet mehr Behagen
Kompromisse und Kooperation
Oder gar Mediation
Sind ihm nur unter Folter mit Schlingen
Abzuringen
Abweichende Meinungen dringen nicht durchs Nadelöhr
Finden einfach kein Gehör
Es sei, man schreit sie ihm ins Gesicht
Dann wird in ihm plötzlich Licht
Er beginnt zu grübeln
Wer kann`s ihm verübeln

Weil er freigiebig und mit schlechter Menschenkenntnis bestückt
Wird er leicht von Schmarotzern bedrückt
Auf rührsel`ges Seemannsgarn fällt er leicht rein
Wer sollt` ihm schon böse gesonnen sein

Seine Realität, die für ihn zählt
Wird geprägt durch seine Vision von einer mystischen[20] Welt
In der er ganz oben sitzt
Und sein Volk emsig für ihn schwitzt
So geseh`n ist er bequem
Dies ist ihm aber durchaus angenehm

Sie erwarten, dass andere für sie die Drecksarbeit erledigen
Während sie Kuchen essen und Brot predigen
Ihnen materielle Dinge zur Verfügung stellen
Denn sie sind von der Überzeugung beseelt
Dass sie zum Herrscher sind gewählt
Und die Bürger zur Erbringung von Diensten verpflichtet sind
Ob Vater, Mutter oder Kind
Wird ihm aber dieser Frondienst verweigert
Der Widder sich steigert
In eine Art von Zorn
Als ob aufgespießt von einem Dorn
Als habe man ihn belogen
Hintergangen und betrogen

Auch wenn sein Volk Fehler macht
Wird er wütend, dass es kracht

Dass sich auch bei ihm selbst Fehler einstell`n würden
Stünden vor ihm dieselben Hürden
Wird von ihm nicht geseh`n
Da hilft kein Betteln und kein Fleh`n

Weil ihm die Verbindung zur Erde fehlt
Jeder Rostfleck auf seiner Rüstung zählt
Und gleichsam die Gleichgültigkeit seiner Diener symbolisiert
Die ihn heftig frustriert
Dass Kleinkram ihn so heftig in Wallung bringt
Wie ein Widerspruch klingt
Zu off`ner Geldbörse und großem Herzen

---

[20] magischen, geheimnisvollen

Und ist schwerlich zu verschmerzen
In einer Idealwelt er lebt
Selten in ihm ein Widerspruch bebt
Die Dinge werden erkannt von seinen Augen
Wie sie am ehesten zum Frohsinn taugen

Weil ihm der Argwohn fehlt
Wird er leicht von Betrügern erwählt
Er glaubt an das Gute im Menschen und Vertrauensvorschuss
Und wenn er den Betrug einsehen muss
Fühlt er sich zu guter Letzt
Unsicher und verletzt

In banalen alltäglich` Dingen
Will ihm vieles misslingen
Ob`s nun der Hund in der Pfanne ist
Oder ein Termin, den er vergisst
Wie man einen Verband anlegt
Oder eine Katze pflegt
Eine Überweisung schreibt
Oder Schutzgeld eintreibt
Doch dieser Mangel tritt nur selten zutage
Denn er ist durchaus in der Lage
Sich mit einem Heer von Spezialisten zu umgeben
Die auch das Banale bewegen

Berufliches

In beruflichen Dingen sind sie mit großem Eifer dabei
Reden nicht lang` um den heißen Brei
Feste Strukturen fordern sie heraus
Bei Erfolg auch den Applaus
Für neue Motive
Ergreifen sie die Initiative
Auch von anderen verlangen sie viel
Bringen so auch diese ins Ziel

Hart gegen sich selbst und and`re könnense sein
Wenn es bringt den Fortschritt ein
Mit Eifer und Schläue
Schaffense stets das Neue
Zur Abkehr von einem Projekt sie neigen

Wenn ihr Prestige kann dadurch nicht steigen
Gern überlassense ander`n die Aufräumarbeiten
Während sie zum nächsten Prestigeprojekt schreiten

Auf Verluste könnense keine Rücksicht nehmen
Ein bisschen Schwund ist immer im Leben
Das macht ihn bei Kollegen nicht unbedingt beliebt
Zumal es da auch noch seinen Ellenbogen gibt
Den er ihnen zwischen die Rippen schiebt

Steht er in der Hierarchie aber erst ganz oben
Kann er durchaus and`re auch loben
Sie fördern, liebenswürdig sein
Auf so einen Chef lässt man sich gerne ein

Was er einmal als richtig erkannt
Hat für alle Ewigkeit Bestand
Selbst wo der Beweis seines Irrtums ist erbracht
Widersetzt er sich diesem mit Macht
Mit seinem Dickkopf bohrt er Löcher durch die Wand
Es leidet der Verstand

Als Arbeitstiere sind sie gut zu gebrauchen
Selbst wenn bei and`ren schon die Köpfe rauchen
Hauptsach`ihre Sach`
Ist bald unter Dach und Fach

Erfolg ist aber nicht nur ein Konstrukt
Das besteht mit einem bestimmten Produkt
Er fordert Stabilität und Beständigkeit
Für so manchen Widder `nen Schritt zu weit

Finanzen

Viele Widder sind an Ideen reich
Doch ihr Portemonnaie ist vielfach weich
Sie leben jetzt und denken nicht an Morgen
So bereiten die Finanzen manchmal Sorgen

Als Kinder

Schon recht früh wächst dem Kleinen Geschwungenes aus Horn
Nimmt damit Großes dann auf`s Korn

Schnell lernen sie zu gehen
Man muss verstehen
Dass der Drang, die Welt zu erkunden
Und diese zu umrunden
Kaum ist zu bezähmen
D`rum sollt`man ihnen diesen auch nicht nehmen

Mit der ihnen angebor`nen Verachtung von Gefahren
Lernen sie mit der Zeit recht gut zu fahren
Und bringen Vieles zum guten Ende
Oder leiten ein `ne Wende

Als Eltern

Als Eltern lehren sie die Kleinen
Zu stehen recht früh auf eig`nen Beinen

Selbstständig Neues anzugeh`n
Und wie es tickt zu versteh`n
Gern seh`n sie ihren kleinen Tiger
Als Sieger
Loben ihn über den grünen Klee
Und bald schon geht`s auf Tournee
Doch wer klug ist, bedenkt
Dass die Natur nicht allen Kindern schenkt
Die Mittel, and`re zu besiegen
Und auf weiten Schwingen zu fliegen

Wenn man sie früh lehrt, dass das Leben
Nicht nur besteht aus Nehmen, sondern auch aus Geben
Und dass man sich zuweilen auch einfügen muss
Erspart man ihnen so manchen Verdruss

Es soll ja durchaus Eltern geben
Die leben nur der Kinder Leben
Der Widder mag sich nicht durch Kinder profilier`n
So können jene ihre ei`gnen Interessen realisier`n

Liebe

Wer so extrovertiert wie der Widder ist
Findet leicht jemanden, der ihm aus dem Händchen frisst
Herausforderungen sind auch hier von Relevanz

Finden beim Partner leider selten Akzeptanz
Gegen den Reiz einer Affäre sind sie schlecht gefeit
Nun wisst Ihr alle Bescheid

Kriegsgott Mars beherrscht dieses Zeichen
Schüchterne Annäherungsversuche kann man ergo streichen
Romantische Eroberungsfeldzüge dagegen
Vorgetragen leidenschaftlich, feurig und verwegen
Eher seiner Bestimmung entsprechen
Für ihn Widder kein Verbrechen

Der Widder in schimmernder Rüstung liebt in ritterlichem Stil
Auf materielle Verluste gibt er nicht viel
Mit vollem Herzen verfolgt er das Objekt seiner Begierde
Ob als Partner oder zur Zierde
Nur allzu oft entpuppt sich seine Wahl
Als ihr ritterliches Ideal
Interpretiert in den Partner Eigenschaften hinein
Die nicht mal vorhanden sind im Keim

Wer ihn gern für sich alleine hätte
Nicht nur zum Plaudern, auch im Bette
Sei stets für eine Überraschung gut
Und habe den Mut
Auch mal was Neues einzuführen
Um ihn damit zu verführen

Er ist schon ein eigenartig`Wesen
Ist romantisch und belesen
Auch kann er durchaus zärtlich sein
Und doch mittendrein
Kann ihm der Kriegsgott befehlen
Sich aus dem Haus zu stehlen

Einen Krieg anzuzetteln
Da kann man lang`um Frieden betteln
Wo keine Krise ist zu entdecken
Wird er `was aushecken
Ohne Vorwarnung und im Nu
Schlägt er erbarmungslos zu

So richtig langweilig wird`s mit dem Widder nie
Dafür steht jede Garantie

Sie beherrschen den Partner mit sanfter Gewalt
Erfüllung ihrer Wünsche erhoffen sie sich bald
Wer sich vom Widder erträumt
Dass er putzt und sein Zimmer aufräumt
Die Blumen im Garten hegt
Und den Partner verwöhnt unentwegt
Der zündet in jenem inn`re Explosionen
Da verfalle man nicht in Illusionen
Dies kann dem Kriegsgott nicht gefallen
Und irgendwann wird`s heftig knallen

Die Widderin

Zwar träumt die Widderin vom edlen Ritter
Der sie im Sturme nimmt
Doch für die meisten ist es bitter
Dass für sie nicht ihr Funke glimmt
Für sie kommt der Sturm nicht in Frage
Was für `ne Plage!

Dass sie bei den Rittern Eindruck schindet
Ist ihr wohlbekannt
Ihre Liebe nicht schwindet
Ist ihr Herz erst entflammt
Hat sich der Ritter erst in Lieb`verstrickt
Zeigt sie gern ihre Krallen
Erst recht, wenn er `ne and`re blickt
Das könnt` ihr schon missfallen
Zur Not besinnt sie sich auf Tränen
Die Herz zerreißend kullern zart
Das ist wichtig zu erwähnen
Das ist so ihre Art

Hat sie den Mann fürs Leben gefunden
Fühlt se sich gebunden
Und wartet ihr Liebster Tag um Stund`
Stellt sie die Frage nach dem ew`gen Bund

Die Widderin ist von Herzen treu
Nur mit dem einen landet sie im Heu
Ihr Held mag sich glücklich schätzen
Und sie nie verletzen

Jede Chance auf einen Krach greift sie am Schopf
Wirft um sich mit Tass` und Topf
Und der Partner, der da nicht parieren kann
Ist arm dran
Es sollte schon ein harter Kampf entsteh`n
Bei dem keiner dem ander`n was schenkt
Nur so kann man sich lieben und versteh`n
Wenn man auch mal die Klingen schwenkt
Wem`s gelüstet, schon nach wen`gen Hieben die Segel zu streichen
Mag sich schleichen
Wem es gelingt, Tränen, aus Kummer oder Zorn geboren
Zu trocknen, bleibt nicht ungeschoren
Wer jene Tränen in Freudentränen verwandeln kann
Ist ihr Mann

Frohsinn lenkt sie auf Pfade
Die sie ohne Gnade
Von dem Abgrund ihrer Nachtseele fort führen
Man möcht` sich ja auch mal amüsieren
Gern verzeiht sie, trägt nichts nach
Landet gern wieder im Gemach
Nach dem Sturm ist stets alles wieder in Butter
Auf dem Kutter

Sie ist nicht die Frau, die das Herz eines Machos entflammt
Sie fühlt sich nicht zur Heldenverehrung verdammt
Als Geliebte spielt sie ihren Part genial
Als Ehefrau beklagt sie fehlendes Personal
Zuweilen legt sie es beim eig`nen Mann
Darauf an
Diesen um eine Nuance zu überragen
Dies mag auf Dauer am Selbstwert nagen
Auch dass sie gern kommandiert
Den Partner oft frustriert
Mancher sich dabei so aufreibt
Dass sie ihn in den Wahnsinn treibt

Dabei ist sie loyal
Treu allemal
Kann sich für andere begeistern
Probleme meistern

Der Widderich

Der Widderich sitzt gern Probleme aus
Erwartet dafür stets Applaus
Schaltet um auf stur
Fragt scheinheilig: was ist denn nur
Tut so, als sei alles nichtig
Nicht im Entferntesten so wichtig
Lässt gern and`re für etwas bluten
Wo seine Schuld ist zu vermuten

Sein Selbstwertgefühl ist stark wie junges Eis
Stellt stets seine Männlichkeit unter Beweis
Er ist ein Macho, wie er im Buche steht
Wahrt den Schein, selbst wenn nichts mehr geht
Nie hörte man von einem Ritter, der an Husten litt
Und so bekommt man auch von seinen Schwächen nix mit
Er schickt sich stets an, der Welt zu beweisen
Dass er geschmiedet aus Eisen
Sich zum Menschlichen zu bekennen fällt ihm schwer
Der General aus dem mythischen[21] Heer
Pendelt gern zwischen entgegengesetzten Extremen hin und her

Die Optimierung ihrer Position liegt ihnen am Herzen
Unterdrückung können sie kaum verschmerzen
Wo dies geschieht, schieben sie Frust
Das Wandern ist des Müllers Lust
Auch können sie es nicht ertragen
Wenn and`re auf Mitbestimmung klagen
Sie sind der Primus[22] unter Gleichen
Wem das nicht passt, mag weichen

Obgleich er selbst recht oberflächlich scheint
Er Oberflächlichen keine Träne weint
Auf die Jagd wirft er sich in feinen Zwirn
Lässt zuhaus` sein Gehirn
Mit aufgepumpter Brust und wohlgesytlt
Sodann an seiner Taktik feilt
In seiner Überzeugung, er sei Herkules und Adonis in Personal-
union

---

[21] sagenhaften
[22] Primus: der Erste, der Beste

Erwartet er wohlwollende Reaktion`
Fängt er den Blick einer Schönen ein
Muss es ja nicht gleich Liebe sein

Selbst wenn er sich keines Gefährten sicher ist
Bedarf es keiner List
Allein gegen den Drachen anzutreten
Auch wenn ihn keiner d`rum gebeten
Er erwartet dafür kein` Salär
Allenfalls Lob, Beifall, Anerkennung und Ehr`

Auf der Burg lebt er noch - tief in seiner Seele
Strebt nach Orden, damit dieser nicht fehle
In seiner Sammlung, auch mit der Tafelrunde
Oder dem Burgfräulein in Nöten wär`er gern im Bunde
Er brüstet sich gern mit der Rettung der Dame
Und damit sein Interesse nicht erlahme
Lasse sie sich nur regelmäßig entführ`n
Er nimmt dafür auch keine Gebühr´n

Seine Liebe zielt auf das unerreichbare Burgfräulein,
Und sei sie noch so stolz, zickig und klein
Das Erreichbare existiert schon in seinem Leben
Zählt aber nicht, versetzt ihn nicht ins Schweben
Was er begehrt, nicht aber haben kann
Zieht ihn allein in seinen Bann

Da er so hoch in seiner Traumwelt schwebt
Man selten einmal erlebt
Dass sich der Schatten von ihr und Widdermann
Vom mythischen[23] Nebel lösen kann
Der Umriss einer real existierenden Frau ihn zuweilen so irritiert
Dass er zu neuem Feldzug aufbricht wohl rasiert
Mit ihr muss er doch tatsächlich in Beziehung treten
Wahrnehmen, reagieren, fühlen, sich anpassen und beten
Da er zur Anpassung nicht besonders begabt
Er sich lieber an seinen Träumen labt
Zuviel Realität löscht sein Feuer
Zuviel Routine ist ihm ungeheuer

Er ist von Haus aus Chauvinist

---

[23] sagenhaften

Der Hahn auf dem Mist
Man müsste schon mit `nem Holzhammer auf ihn schlagen
Um ihm sein Leid zu klagen
Dass ständiges Einmischen einem auf den Zeiger geht
Und man auch sein Beschützertum nicht versteht

Obwohl er selbst viel rumgekommen war
Schleppt er zum Altar
Vom Lande die Unschuld
Zeigt erstmals Geduld
Von der Paarung darf sie noch nichts wissen
Er will sie als erster erobern und küssen
Und wo dies alles geschieht
Ins Herz des Widders Liebe zieht
Restlose Hingabe heißt sein Ziel
Viel zu viel steht auf dem Spiel
Seine Männlichkeit lässt er gern loben
Beim Widerspruch wird er nicht toben
Ein ordentlicher Rüffel zur rechten Zeit
Öffnet Augen und Ohren weit
An ihm entzündet sich sein Temperament
Und kommt dazu noch der Moment
Wo die Frau ihm ein Unentschieden suggeriert
Reagiert er doch recht kultiviert

Wahrheit kann er gut ertragen
Und ist sie noch so grob erzählt
Auch Pünktlichkeit nährt sein Behagen
Von der Frau, die er erwählt
Muss er warten, kann`s gescheh`n
Dass Blumen durch die Lüfte weh`n
Und er im Vino Trosttropfen sucht
Die Frau, die er liebt, verflucht

Der Widderich ist treu
Geht nur mit seiner Geliebten ins Heu
Solange sie interessant und begehrenswert
Er sie liebt und ehrt
Gern würd`er für sie `nen güldnen Käfig bauen
Und sie liebevoll dort verstauen
Ihre Lieder so nur ihn erreichen
Und bei Gefallen nur ihn erweichen

Hat er sich erst für sie entschieden
Werden and`re gemieden
Und klebt zäh wie Kleister
An seinem Meister

Ergebnis

Zusammengefasst kann man nicht klagen
Und in zwei Zeilen ist zu sagen:
Der Widder ist der frische Wind
Der stets den Kurs bestimmt

Stier

Wenn der April schon weniger Kapriolen schlägt
So mancher Baum schon Knospen trägt
Und der Frühling langsam Fahrt aufnimmt
Der Stier aus dem Geburtskanal schwimmt

Trifft die Sonne astrologisch in das Zeichen Stier
Wird das Wetter beständiger und färbt ab auf dieses Tier
Er ist ausgeglichen und auf sein Selbstvertrauen
Kann er in stürm'schen Zeiten bauen

Er ist ein auffäll'ger Stern am Firmament
Bei harter Arbeit nicht abstinent

Ist meist ruhig und strotzt vor Kraft
Und so folglich viel schafft

Spiritus rector[24] des Stiers ist Planet Venus
Nicht nur deren Hügel ein Genus'
Das Schöne ist ihr Element
D'rum der Stier gern zum Spiegel rennt

Venus ist die Göttin der Liebe und Schönheit
Die das Vergnügen stellt über läst'ge Arbeit
Auf dem Olymp ist sie die faulste aller Götter
Sagen jedenfalls die Spötter

Ihre Geduld ist die der Natur
Von Trübsal keine Spur
Heiter genießt er jeden Tag
Während vergessen werden mag
Was morgen ist, solange eine gewisse Garantie besteht
Dass das Morgen ähnlich genüsslich vergeht

Er zählt zu den Erdzeichen
Die solide, widerstandsfähig, stabil sind ohnegleichen
Und bisher zielstrebig und entschlossen
Auf begehrte Ziele schossen

Wen die Sonn' im Zeichen Stier beschien bei Geburt

---

[24] Spiritus rector: treibende Kraft

Ist praktisch, denkt nicht so schnell und spurt
Dafür umso sorgfält`ger und kann
Fertig werden - irgendwann

Die Zeit, die dabei verstreicht
Und einer Ewigkeit gleicht
Zählt nichts, denn seine Geduld, die wunderbare
Begleitet ihn bis hin zur Bahre

Was der Stier fürchtet wie der Teufel das Weihwasser
Ist Veränderung, die ihm widerstrebt und immer blasser
werden lässt, Unsicherheit produziert
Da er nicht weiß, was bald passiert

Hat er alles unter Kontrolle und herrscht Harmonie
Erklingt ihm wie von Engeln eine Melodie
Die ihn mit einer Gelassenheit belegt
Dass er sich kaum noch bewegt

Er liebt es bequem und leck`re Speisen
Auch geistiger Art mag er preisen
Er liebt den Frieden, wer ihn aber reizt
Demgegenüber er nicht mit Attacken geizt

Diesen in die Eck` er treibt
Ihm bitt`re Medizin verschreibt
Wem ein solcher Angriff widerfährt
Sucht bess`re Argumente oder macht besser Kehrt

Viele Helden in uns`ren Novellen
Deren Brüste so leicht schwellen
Müssten an sich Stiere sein
Draufgängerisch und zugleich fein
Wie John Wayne und Ehrhardt, Heinz
Wie die Männchen aus Mainz

Er schwebt nicht über den Wolken, denn mit der Erde
Ist er verbunden wie mit seiner Herde
Mit dem Spatz in der Hand mag er siegen
Die entfernte Taube lässt er fliegen

Lorbeeren kann man nicht essen, das ist ihm klar
Auch das Abdichten eines Lecks im Dach nicht darstellbar

Seine Skepsis bewahrt ihn, und das ist zum Vorteil
Vor gar manch` fatalem Unheil
Als Verfechter realistischer Gedanken
Mag er kein Risiko tanken

Verhasst ist ihm alles, was hässlich
Schlecht duftet, nicht verlässlich
Was mit Sinnen und Harmoniestreben nicht
Im Einklang steht, nicht überzeugt, nicht besticht

Zwei Farben gibt es in seinem Leben:
Schwarz und weiss und all sein Streben
Ist danach zu unterscheiden
Ist etwas mies oder kann er`s leiden

Verschlossen bleiben ihm verworr`ne Knoten
Gefühle, die nicht auszuloten
Ohne Lageplan in einem Labyrinth
Sind es die Stiere, die sind
Oft auf verlor`nem Posten
Bleiben hängen auf ihren Kosten

Tief verwurzelt ist sein Bestreben
Der Nachwelt Zeugnis abzulegen
Von seiner Existenz und seinen Werken
Irgendwie soll`s doch jeder merken
Welch edles Uhrwerk in ihm tickte
Und ihn schickte
Auf die Suche nach dem Symbol seines eig`nen Werts
Nach dem Zeugnis seiner Existenz und seinem Herz`

Als Kinder

Kleine Stiere brauchen anders als im spät`ren Leben
Besonders viel Liebe und Schutz
Und können`s die Eltern ihnen nicht geben
Hau`n sie früh schon auf den Putz

Ansonsten sind sie eher keine Plage
Und als Knirps schon in der Lage
Zu schalten und walten
Und Kreatives zu gestalten

Ob`s nun ein Bild oder eine Höhle ist
Das Stierlein beim Gestalten die Welt vergisst
Und was Mutter Natur so zu bieten hat
Verfolgen sie sehr akkurat

Als Eltern

Hoch im Kurs steht das Familienleben
Und so werden sie alles d`rum geben
In ihren Kleinen einen Sinn für Heimat und gute Manieren
Disziplin und Gehorsam zu kreieren

Im Umgang sind sie liebevoll
Auch ihre Fürsorge find` ich toll
Geht`s dem Sprössling mal nicht gut
Schwitzen sie Wasser und Blut

Sitzen am Bettrand und erzählen Geschichten
Um des Kleinen Seele wieder zu richten
Und lacht der Sprössling dann erst wieder
Erstrahlt neuer Glanz auch in ihr`m Gefieder

Auch wenn die Kleinen schon ganz Große sind
Bleiben sie doch ihr Kind
Steh`n für sie ein in allen Dingen
Und werden notfalls für sie singen

Wunder Punkt

Langweilig ist er insofern, als all das
Das er nicht greifen kann, wie zum Bleistift Gas
Für ihn unsichtbar verbleibt
Und wenn er noch so oft an seinem Schädel reibt
Er kann sich`s nicht einmal
Bildlich vorstellen – Schicksal

Was sich nicht ins Bild einfügt, das er sich
Von dieser Welt gemalt und gegen seinen Strich
Arbeitet, vielleicht noch rebelliert
Wird von ihm negiert [25]
Er steht wahrlich nicht im Verdacht

---

[25] Negiert: bestritten, verleugnet

Dass er sich Gedanken über abweichende Meinungen macht
Die stiersinnige Voreingenommenheit bereitet ihm nicht selten
Probleme, und wenn and`re ihn schelten
Trifft diese sein Stachel verletzter Eitelkeit
Zur beleidigenden Kritik über ihren Wert bereit
Diese zu rügen, unvernünftig oder schwachsinnig zu sein
Das ist wahrlich nicht fein

Eifersucht und verletzter Stolz zehren an seinem Kostüm
Der Nerven, so dass er unkontrolliert und ungestüm
Partner und Konkurrent beackert
Ein wildes Feuer in seinem Aug` dann flackert
Und haut ganz schön rein
Dem armen Schawein

Wird sein Streben nach Bedeutung und Glanz
Von der Welt quittiert mit Ignoranz
Kann er nicht durch eig`ne Werke in bunten Farben erstrahlen
Läuft er Gefahr, mit fremden Federn zu prahlen
Geht vielleicht `ne Bindung ein
Mit Monroe oder Einstein
Und so kommt ihm in deren Schatten
Deren Glanz zustatten

In die Enge treibt man ihn
In den Wahnsinn, den Ruin
Begehrt man Güter, Geschmeide, Ringe
Zahnbürste oder and´re kostbare Dinge
Die seinen Besitz heftig schmälern
Ihn fallen lassen zu den Tälern
Die schon früh im Schatten liegen
Wo düst´re Gedanken sich wiegen
So wenn man sich nicht mehr versteht
Eine Verbindung auseinander geht
Dort wo man schließlich teilen muss
Erlebt er bitteren Verdruss
Da erblüht aus der Asche Glut
Des Stier`s reinste Wut
Mit seiner Einfalt und fehlenden Beweglichkeit
Ist`s schwer und nicht weit
Für den Partner, der weite Wege geht
Und ihn dennoch nicht versteht
In die Verzweiflung, der verhassten

In die Welt der Chancen, der verpassten

Man muss schon sagen, was man meint
Sonst hat man ihn zum Feind
Der dann stets falsche Schlüsse zieht
Und am Ende flieht
Aus der Einheit, dem Paradies
Nur weil ihm das und dies
So völlig abnorm deuchte
Dass er sich lieber verkreuchte

Auch ist kräftig zu rügen
Er lässt sich leicht vom Scheine trügen
Von Schönheit und Glanz lässt er sich blenden
So kann`s böse enden

Im Beruf setzt er Zeichen und hätte
Gern die Vorbildfunktion, ne nette
Ellenbogen lässt er im Ärmel und weiß im Grunde
Eines Tag`s ist er der Boss im Bunde

Wo die friedliche Koexistenz [26] nicht mag
Gedeihen und jeder Tag
Ihm neuen Zwist gebiert
Diesen Ort verlässt er frustriert

Jeder Arbeitgeber ist beglückt
Wenn ein Stier in seine Meute rückt
Denn auf diesen ist Verlass
Ist das Lohn-Leistungsverhältnis noch so krass

Hat dieser erst mal `ne Fährte aufgenommen
Wird solange notfalls gegen den Strom geschwommen
Bis der Pfeil steckt in der Zwölf
Und ist es auch erst drölf

Probleme geht er gelassen an
Notfalls hängt er Überstunden d`ran

---

[26] Koexistenz: gleichzeitiges Bestehen

Er forscht und tüftelt
Bis er 'ne heiße Spur erschnüffelt

Er bedient sich oft der Waage
Und stellt sich dann die Frage
Wie groß seine Chancen sind
Er setzt nur ein, wenn er gewinnt

Denn nichts schlimmer ist ein Einsatz
Der am Ende war für die Katz
Sind seine Chancen phänomenal
Nimmt er die Hürden auf einmal

Sind sie weniger gut
Stochert er vorsichtig in der Glut
Um am Ende mehr oder wen`ger benommen
Am Ziele anzukommen

Mögen and`re nach den Sternen greifen
Sie steh`n auf Früchte, die reifen
Nach alter Väter Sitte
In ihrer vertrauten Mitte

Von Nebel verhang`nen Reizen
Lassen se sich nicht anheizen
Und schauen, was man sieht
Wenn der Nebel sich verzieht

Kontrollierte Offensive
Ist ihre Devise
Sie nähern sich sicher Stück für Stück
Ihrem Glück
Und mancher Erfolg leitet ein am Ende
Die ganz große Wende

Als Vorgesetzte sind sie oft schwer zu nehmen
Können frischen Schwung durchaus lähmen
Und wenn ihr Dickkopf erst mal am Ruder ist
Landet vieles Gute auf dem Mist

Finanzen

In Sachen Finanzen ist er versiert
In Verhandlungen zäher Widerstand garantiert
Sein Anlageverhalten traditionell ausgerichtet
Und nicht mit Risiken beschichtet

Das Anhäufen von Gütern liegt
Ihm sehr am Herzen und wiegt
Der Schatz in der Truhe erst schwer
Liebt er sein Leben noch mehr
Seiner Erdverbundenheit zum Trotz kann man
Den Stier beeinflussen nach Plan
Er setzt sein Horn dann für and`re ein
Für die strahlt so der Sonnenschein

Liebe

Freunde zählen nur solange wie
Sie nützlich sind, doch in der Lie-
Be steht er zum geschloss`nen Bund
Wie ein treuer Hund
Egal, was der and`re unternimmt oder denkt
Er niemals vom Kurs abschwenkt
Er steht dem Partner zur Seite
Selbst in der größten Pleite

Doch dies gilt nur für den einen Stier
Und der and´re, den wir meinen hier
Möcht` fröhlich seine Tete-A-Tetes [27] genießen
Ohn` dass diese es zuließen

Dass die Stabilität seiner Eh` gefährdet wär`
Wo er doch so gern familiär

Stürmisch ist er wahrlich nicht
Anmache passt nicht zu sein`m Gesicht
Philosophische Plaudereien, um ihre geistige Tiefe
Auszuloten, auch ne Rose und Liebesbriefe
Stehen ganz oben auf seinem Plan der Speise

---

[27] Tete-a-Tete: Kopf an Kopf, Rendezvouz

Auf dem langen Weg zur Hochzeitsreise
Für den Spar-Stier ist nichts zu teuer
Selbst ein Gedicht nicht allzu ungeheuer

Märchenromantik ist ein Gewand
Das den Stier kleidet wie Samt
Glaubt er doch an Verlobung, romantische Orte
Pianoforte, Hochzeitstorte

Jawohl, er vermag wider Erwarten
Auch Süßholz zu rapseln und im Garten
Der Liebe fallen ihm viele Dinge zu
Die garniert mit Bonmots [28] im Nu
Bei dem Favoriten auf fruchtbaren Boden fallen
In ihn kann man sich wahrlich verknallen

Zappelt der Favorit erst in der Falle, der süßen, und nicht nur bei Nacht
Wird dieser als sein Schatz eifersüchtig bewacht
Nebenbuhler aus dem eig`nen Geschlecht
Ergeht`s, wie soll ich sagen: schlecht

Der Stier als männlicher Solcher

Treu wie Gold kann der Stier-Mann sein
Auf Techtelmechtel lässt er sich nicht so gern` ein
Solange seine Filzpantoffeln vorgewärmt
Sie von seinen starken Hörnern schwärmt

Um üppige und ausgefeilte Mahlzeiten bemüht
Weiterhin Sex-Appeal versprüht
Und nicht nur in häuslichen Dingen und
In Sachen seiner Kinder alles läuft rund
Hält er sich am Schwur vorm Altar stierköpfig gebunden
So mag die Eh´ ihm munden

Nicht übel nähm` er`s ihr, brächte sie
Etwas Vermögen mit, wenigstens Fantasie
Und die Bereitschaft, dass sie zumindest auf halber Kraft
Zum Wohle des Ganzen Vermögen schafft

---

[28] Bonmot: ein treffendes Wort

Doch zuvor werden die männlichen Kollegen ausgelotet
Nicht, dass er von diesen noch ausgebootet

Der Stier genießt langsam, bewusst und gefühlvoll
Gerade das macht den Partner so toll
In puncto Sex lässt ihn sein Einfallsreichtum im Stich
Ganz konservativ begnügt er sich
Mit bewährten Methoden und ganz viel
Zärtlichkeit, so kommt er - und auch ans Ziel

Venus verlieh ihm nicht nur Leidenschaft
Sondern auch Geduld, die so fabelhaft
Die letztlich den Genuss vermehrt
Ja, das ist nicht verkehrt.

Die Stierin

Die aufreizende Stierin ist kraft ihrer Natur
Ganz solide, und verfolgt ganz stur
Die Spur, die zu dem Einen führt
Der ihre Liebe schürt
Zäh hängt sie an dem Mann, den sie liebt
Bis dieser erschöpft nachgibt
Denn unter ihrem wohlgeformten Busen
Schlägt das Herz nur für ihn, nur er mag schmusen
Mit ihr und wer sie hintergeht, muss schon gewappnet sein
Dass sie wirft alles kaputt und klein
Was in Reichweite vor Anker liegt
Dies dann in seine Richtung fliegt
In solchen Momenten sie vom Schmusekätzchen mutiert
Zur Raubkatze, die laufend Junge gebiert

Dies` Verhalten zeigt uns auf
Dass die Stierin, die vermeintlich stets gut d`rauf
Und uns glauben macht, eine vulkanisierte Seele
Zu haben, der es an keinem Harnisch [29] fehle
Verletzlich ist im Grunde
Und leiden kann an ihrer Wunde

Für leichte Muse und Kunst hat se feine Antennen

---

[29] Harnisch: die eiserne Brustpanzer des Ritters

Auch für literarische Zirkel und Revolutionen steigt sie ins Rennen
Wie ihr Sternenbruder hat sie einen Hang
Zu leck`ren Speisen und wenn dieser Drang
Im Volumen fühlbar wird
Selbstzweifel fröhlich im Hinterstübchen schwirrt
Lobt der weltgewandte Mann
Ihre Kochkunst dann und wann

Der Hang zum Übermaß, üpp`gem Essen und auch Gier
Ist bezeichnend für den Stier
Niemals würd` er sich offen dazu bekennen
Da müsst` er sich schon von seinem Dickkopf trennen

Prüde ist sie mitnichten, doch gibt sie`s vor
Gern zum Schein und gar mancher Tor
Der auf Tugend und Jungfräulichkeit spekuliert
Wurde getäuscht, ganz raffiniert

Sind dann endlich ihre Dämme gebrochen
Und ist sie zu ihm ins Nest gekrochen
Nach langer Zeit und harter Arbeit
Endlich zu allem bereit
Geht`s auch hier ganz zart erst los
Zuerst mag sie Liebkosungen, Massagen bloß
Nur ganz sacht´ möcht` sie das Tor zum Ozean der Lust
Öffnen, hergeben ihren Körper, ihre Brust

Viel Fantasie ist dort gefragt
Und wes` Ungeschick an ihren Nerven nagt
Wird mit der nächsten Zorneswut an Land geschwemmt
Oder unterrichtet, ungern, aber ungehemmt

Den Akt selbst, so macht sie glauben
Ließ sie sich nur entrauben
Gewährte sie - noch ganz benommen
Als grossmüt`ges Entgegenkommen

Dieses Entgegenkommen, das vereint
Selten kurz nacheinander erscheint
Wer Fantasie und Charme mag aber zum Einsatz bringen
Für den lässt sie - vielleicht - ne zweite Runde springen.

Da die Stierin, von Geistesblitzen gequält
Ihm auch gern Geschichten erzählt
Sollt` er sich für diese begeistern
Und Momente der Langeweile meistern
Tödlich wär`s, würd` sie ihn dabei ertappen
Wie seine Augen zuschnappen.

Ergebnis
Zusammengefasst kann man nicht klagen
Und in zwei Zeilen ist zu sagen:

Im Großen und Ganzen ist der Stier
Ein ganz verträglich` Tier

Zwilling

Wenn der Frühling steht im Zenit [30]
Besticht mit pracht`gem Kolorit [31]
Aus Blüten Fruchtspitzen quellen
Damen sich schon Sommermode bestellen
Tritt der Zwilling in Erscheinung
Und tiriliert uns seine Meinung

Zwillinge sind Kinder der Luftzeichen
Und des Geistes Zeichen ist die Luft
Vor ihren Ideen kann man nur die Segel streichen
Und schnuppern an ihrem süßen Duft

Das Zwillingssymbol passt vortrefflich zu ihrem Naturell
Erfassen alles treffsicher, prompt und blitzeschnell
Dass mich döcht`
Dass einer allein dies gar nicht vermöcht`

Spiritus rector [32] ist astrologisch Merkur [33]
Der seine Schützlinge mit Vernunft beseelt
Doch in entscheid`nen Dingen nur
Regiert das Herz, die Vernunft, die fehlt

Merkur ist der kleinste – und schnellste Planet
Symbol für rasche Auffassungsgabe konkret
Er ist der Götterbote in der Mythologie [34]
Er führt die Regie
Bei der Übermittlung von Post von Gott zu Gott
Auch innerhalb des Olymps recht flott

---

[30] Zenit: Höhepunkt
[31] Kolorit, hier: die farbige Erscheinung
[32] Spiritus rector: treibende Kraft
[33] Merkur : der Planet, der der Sonne am nächsten ist; Merkur, in der römischen Mythologie Gott des Handels und Gewerbes. Später wurde er dem griechischen Gott Hermes gleichgesetzt, dessen Attribute er übernahm. Microsoft ® Encarta ® Enzyklopädie 2005
[34] Mythologie: 1 Gesamtheit der überlieferten → Mythen e-s Volkes od. e-r Epoche. Von 'Mythos : überlieferte Sage od. Dichtung e-s Volkes od. e-r Epoche von der Entstehung u. der Geschichte der Welt, der Götter u. der Menschheit 2 zur Legende gewordenes bedeutendes Geschehen od. Person/ glorifizierende od. verfälschende Darstellung e-s Geschehens, e-s Sachverhaltes od. der Eigenschaften von Personen , Microsoft ® Encarta ® Enzyklopädie 2005

Stets mit Brückenbau ist er befasst, wie ein Biber
Zwischen Göttern und Menschen und noch viel lieber
Zwischen Mensch und Mensch in Gestalt von Ideen
Die sie ihrer Taubhheit beraubt und lässt sie wieder seh`n

Doch um dieser ehrenvolle Aufgabe gerecht zu werden
Muss er zunächst das Kunststück erden
Die Pole in sich selbst zu überbrücken und anzunehmen
Zuvor wird`s keinen Frieden geben
Lange Zeit läuft der Zwilling nämlich gespalten
Vom warmen Pol zum kalten
Und wieder zurück, bis die Erkenntnis anschlägt
Dass er beide Pole in sich trägt

Steht der Zwilling erst in der Mitte zwischen den Polen
Wird er aus frohem Herzen im Bewusstsein johlen
Dass sich die zwei Pole ergänzen statt ausschließen
Aus solchem Erlebnis mag Freude sprießen

Gegensätze sind Pole eines Organismus`
Der lebensnotwendig sein muss
So wie Tick und Tack und Yin und Yang
Ziehen sie doch am selben Strang
Zum ganzheitlichen Gelingen
Diese Philosophie ist die von den Zwillingen

Merkur ist aber auch Gott der
Lügner und Diebe und stets mit
Brückenbau beschäftigt
Das sei hier mal bekräftigt
Schutzgott der Straßen und des Handels
Und nicht sehr moralischen Wandels

Der Zwilling erweckt den Anschein
Er sei ein geölter Blitz
Als solcher schwer greifbar, agil und fein
Auf Abwechslung bedacht und auch auf Witz

Im Zwilling toben Höhen und Tiefen
Bald freut er sich, bald musser schniefen
Wir woll`n nicht verhehlen
In ihm hausen zwei Seelen

Die eine drängt nach vorn, kaum Skrupel kennt
Die and`re sich im Moralischen verrennt
Mal werden wicht`ge Entscheidungen geschossen
Aus der Hüfte und morgen ganz unverdrossen
Wieder revidiert
Ganz ungeniert

Versprechungen kommen stets von Herzen
Ein Kurswechsel ist zu verschmerzen
Zuweilen kommt`s anders, als er denkt
Dann in eine and`re Richtung schwenkt

Den Erfolg sucht er auf kürzestem Weg
Oft rennt er dabei ein Hindernis ein
Die dadurch erzielte Beule ist Beleg
Für sein sinnhaftes Da-Sein

Das fordert Tribut an das Gemüt
Das seine Achillesferse ist
Es irritiert sein Geblüt
So`n Mist

Da er sich nicht schont, ist er leicht erkält`
Obwohl auf Gesundheit bedacht
Und Traktätchen, die diese erhält
Pflegt, bis abends um acht (aber dann …)

Nicht viel hält er vom Aberglauben
Auf eig`ne Stärken er baut
Seine Glücksbringer sich zu erlauben
Er sich dennoch traut
Man kann ja nie wissen
Auch sich selbst gegenüber ist er tolerant
Selbst-Ironie möcht` er nicht missen
Auch darin brillant

Im Tierkreis gilt er als Intellektueller
Denkt vor und immer schneller
Natürlich auch glänzend analysiert
Im Gespräch er überzeugt – und frustriert

Als versierter Scheckbetrüger taugt er vorzüglich
Auch wär` s recht betrüblich

Ihm schlechte Ware zum überhöhten Preis
Abzukaufen, den – Mist (so`n Scheiß: nichts reimt sich auf
„Preis")
Er hilft and´ren, wo er nur kann
Sein Charme kommt stets gut an
Übersieht schon mal ein Urheberrecht
Fremde Federn schmücken ihn auch nicht schlecht

Zwillinge denken gern an sich
Auch wenn sie gekonnt ihr Ich
In ein gemeinsames Wir einbinden
Und sich dabei noch toller finden

Auf Neugiers Pfaden sammeln se auch Klatsch-Späne auf
Die se ausstreuen im geschäft´gen Tageslauf
Unwahrheiten tarnen se blumig und mit Geschick
Dass se am Ende selbst reinfall`n auf den Trick

Selten einmal wird man den Zwilling seh`n
Am Orte vom letzten Gescheh`n
Will man ihn mit Leinen binden
Wird er sich entfesseln und verschwinden
Gern lässt er Hintertürchen offen steh`n
Durch die er unerkannt kann geh`n
Wenn die Zügel zu eng gestrafft
Und Nägelkauen keine Erleichterung mehr schafft

Auch an der langen Leine
Fühlen sie sich nicht wohl, nur keine
Leine ist dem Zwilling recht
Und man wundert sich nicht schlecht
Stellt man fest, dass er noch da
Wo doch ne Chance zum Flüchten war

Er interessiert sich für vieles und in wen`gem ister Meister
Weil die Welt zu groß ist und als weit Gereister
Hat er viel zu viel zu erzählen
Und kann sich nicht quälen
Mit dem Eindringen in die Welt
Die diese im Innersten zusammenhält
Ihm würd` dabei viel zu viel entgeh`n

Das muss man ihm schon zugesteh'n

Sein Talent taugt nicht zu einer Sache Meisterschaft
Aber dort, wo eine Lücke klafft
Zwischen zwei Sachen, hier vermag er
Eine Brücke zu schlagen, die nachher
Als Verbindung von einer Lebenssphäre
Zur and'ren gelten kann, als wäre
Es ein einfach' Kinderspiel
Das ihm freilich sehr gefiel

Als Kinder

Eines die Welt doch sehr erschreckt
Sie sind schon als Baby recht aufgeweckt
Reagieren mehr als and're auf Reize und Licht
Akzeptier'n schon sehr früh keinen Verzicht

Ihre Fantasie will mit Farben beschäftigt sein
Ihr Ohr mit Kinderreim
Wechselnden Klängen und Stimmen
Sonst können se leicht ergrimmen

Ihr Näschen mag von Düften verzaubert werden
Auch solchen von Küh'n und Pferden
Auch werden se sich erfrechen
Schon früh anzufangen mit dem Sprechen

Bein Sprechen benöt'gen se keine Pause
Eher beim Krabbeln schon mal 'ne Jause [35]
Schon als Zwerg ist's ihnen gegeben
Ein vielseit'ges Leben

Als Eltern

Ew'ge Jugend scheint diesem Zeichen in die Wiege gelegt
Und ein kluger Verstand bis ins hohe Alter
Sie reagier'n auf das, was sich regt
Auf Stimmung, Anmach' oder 'nen Falter

---

[35] Jause: Brotzeit

Als Eltern regredier`n [36] se ohne Frage
In die Wiege oder Trage
Eig`ner, früher Tage
Können so die Kleinen gut versteh`n
Weil sie sich in diesen wiederseh`n
So kann kein rauer Wind entsteh`n

Gern spielen se mit ihren Kleinen
Können sich so mit deren Herz vereinen
Zum Abend erfinden se spannende Geschichten
Von Räubern, Hexen und Wichten

Auch tagsüber lassen se die Kleinen glänzen
Wenn`s sein muss auch mal Schule schawänzen
Für höh`re Ziele sind Opfer zu bringen
Muss man auch mit dem Gewissen ringen

Finanzen

Kein Geld zu haben, macht ihnen Sorgen
Und müssen se sich erst was borgen
Bedauern sie die Ausgaben, die sie unbedacht
Meist aus `ner Laune heraus gemacht

Aus Ersparnissen schöpfen zu können hingegen
Macht sie dagegen selten verlegen
Sie geben`s gern mit off`nen Armen aus
Ohne Rücksicht auf Applaus

Sie geben gern und versiegt die Quelle
Schaffen sie auf die Schnelle
Durch List und Kompetenz `ne Neue
Auf dass sie manches Herz erfreue

Wunder Punkt

Er weiß zwar viel, doch die Gabe
Der Selbstbeobachtung fraß ein Rabe
Da musser schon in heißem Feuer brennen
Um sein Wesen zu erkennen
Und hier der Grund für dieses Phänomen:

---

[36] Regredieren: zurückgehen

Beide Zwillinge sind nie am selben Ort zu seh`n
Schwebt einer in himmlischen Gefilden
Tobt der and`re in irdischen, wilden
Oft stoßen seine Intuitionen
Auf einen analytischen Geist und Millionen
Lichtjahre trennen die Beiden
Sind einander fremd, können nicht entscheiden
Ob sie Künstler oder Wissenschaftler sind
So scheinen sie blind und durch den Wind

Manchmal ist - wie wundervoll
Die Verbindung zwischen Beiden echt toll
Dann leuchten sie wie Sonnenblumen am Frühlingsmorgen
Verzogen dann die Sorgen
Ist dann die Verbindung abgeschnitten
Werden sie scheinbar vom Teufel geritten
Unfreundlich und zynisch können sie dann sein
Und lassen sich auf düst`re Gedanken ein

Wie sie den Kontakt zur irdenen Sterblichkeit anstreben
So gern sie in olympischen Höhen schweben
Und man hüte sich
Bevor man täuscht sich bitterlich
Diesen Zyklus auf das eig`ne Handeln
Zurückzuführen, denn zwischen den Polen zu wandeln
Ihr Los sie zwingt
Und täglich mit ihnen ringt

Zuweilen ist zu wissen vorteilhaft
Wann der eine und wann der and`re es schafft
Zu erreichen, beide miteinander ins Gespräch zu bringen
Dies würde vor allen Dingen
Ihr Leben mit Konsequenz beglücken
Und sie öfter mal fröhlich sein lassen aus freien Stücken

Der Gott der Diebe und Lügner wünscht sich am Ruder
Nur den Zwilling im Olymp, das Luder
Sein erdverbund`nes Pendant [37] kann ihn deshalb nicht finden
And`rerseits sich aber auch nicht mit sich selbst verbinden
Fühlt sich deshalb einsam und leer
Wünscht` sich so sehr den and´ren her

---

[37] Pendant: Gegenstück

Er ist von der Idee beseelt
Dass and`re, denen was fehlt
Dieses von ihm begehren
Und will`s ihnen verwehren
Geht dabei verzwickte Pfade
Weicht aus, stellt Fallen und schade
Versucht jemand Liebes seine Motive zu ergründen
Mag dieses in Rechtfertigungen münden
Oder er macht diesen vermöge seiner
Beredsamkeit, beschämt schweigsam
Man darf den Zwilling nicht an dieser Stell`
Wörtlich nehmen, weil er doch nur schnell
Eine falsche Fährte legt
Um das zu verdunkeln, was er selbst nicht versteht

Sie führen gern etwas im Schilde
Über das and`re Geschlecht gut im Bilde
Junge Zwillinge lernen rasch jemand kennen
Auch ält´re! Sich vom Partner dann trennen
Eben noch entbrannt in Liebe, hingebungsvoll, zärtlich
Plötzlich Kritik prasselt erstaunlich
Als sei er von einer Tarantel gebissen
Die seinen Anstand verschlissen

Liebe

Liebe ist für den Zwilling nicht schnöde Liebe
Sie beinhaltet Humor, Leichtigkeit, frivole Triebe
Und wer vermeint, bloße Präsenz könne Amor locken
Wird morgen schon alleine hocken
Gefühle mögen wortreich schöngeistig eingekleidet sein
Sonst fällt kein Zwilling auf ihn rein

Die ausgeprägte Fähigkeit, Gefühle zu übergeh´n
Führt oft zu ausgelass`nem Gescheh´n
Aus der Furcht heraus einsam zu sein
Fangen sie manches Unglück ein

Nach herkömmlicher Astrologie würden sich die Luftzeichen
Am besten unter einander gleichen
Doch unwiderlegbar werden sie vom Wasser angezogen
Von Fische, Skorpion, Krebs - ungelogen

Am Wasser vermag der Zwilling zu entspannen
Ist fasziniert, wie sehr Wasserzeichen verbannen
Reine Vernunft und ist doch sehr beeindruckt
Von ihrem Mangel an Scham, die nicht mal zuckt
Wenn Gefühle unverfroren
Schießen aus allen Rohren

Wasser und Luft, aus dieser Mixtur mag fließen
Hagel, Dampf, Nebel oder andere Verbindungen sprießen
Sie sind merkwürdig verschieden und werden
Vom and´ren angezogen auf Erden
Durch Magnetismus` Kraft
Die Einheit schafft
Es scheint so, als sei es des Zwillings Ziel
Eine von Gefühlen getragene Bindung, in der nicht so viel
Unruhe wühlt
In der er sich nicht so gespalten fühlt
Und hat er sich erst mal einen geangelt
Dem es an Antipathie mangelt
Angesichts seiner bunten Launen
Mag er eines schönen Tages darüber staunen
Dass er sich doch selbst wohl liebt
Und zu sich sagt: Schön, dass es Dich gibt

Wo dies geschieht, zeigt er sich als Merkur der Künste
In dessen Küche süßliche Dünste
Aus dem Ofen seines Schöngeistes weichen
Zwilling und Partner die Hände sich reichen
Und vermöge seiner Zauberkraft liebliche Höhen erklimmen
In der die Engel ein fröhlich` Lied einstimmen

Der Zwilling ist in der Lage
Durch eine einfache Frage

Den and´ren zu erkennen
Doch fährt jener aus seine Antennen
Weicht der Zwilling aus auf das Thema
Wie sieht`s bei der Ameise aus im Fortpflanzungsschema

Und dennoch hat er für Romantik Sinn
Nur sieht er diesen darin
Gedanken und Gefühle zu teilen
Ohn` dabei dem Humor zu enteilen

Klassische Romantik ist nicht sein Bier
Eher das Schwebende sein Revier
Das sich zu lauen Sommerabenden und Champagner gesellt
Wo keiner allzu persönliche Fragen stellt
Der Interessent, der in Rätseln spricht
Den Zwiling im Trüben fischen lässt, ihn neckt
Neugierig macht und mit Konventionen bricht
Sich entzieht, dann wieder am Öhrchen leckt
Sich in Andeutungen verstrickt
Und so den Zwilling dazu zwingt
Mit Fantasie, insoweit geschickt
Dass dieser in den Quell der Hoffnung springt
Wer die Tatsache kennt
Dass der Zwilling nicht mehr brennt
Wenn der Alltag seinen Reiz verliert
Und so Langeweil gebiert
Wer aufs Verschweigen seiner Gefühle erpicht
Auch sonst hervorstehende Merkmale versteckt
Ihn lockt, mit Überraschungen besticht
Für den der Zwilling vielleicht die Lieb` entdeckt
Der Interessent, der so den Zwilling möcht` gewinnen
Fängt ihn mit dessen ureig`nen Waffen
Jener wird dann selbst geschickt zu flirten beginnen
Umtriebig sein, sich aufraffen
Den and`ren in sein Charme-Kokon einspinnen
Klare Verhältnisse schaffen
Seine Vorteile und Reize mit Scheinwerfern beleuchten
So die in Liebe entbrannten Augen des Favoriten befeuchten
Auch Schmeicheleien und zärtliche Worte
Sind durchaus willkommen an diesem Orte

Im tiefsten seiner Seele sehnt er sich nach Geborgenheit
Nach dem heimischen Herd, der wohlig brennt
Nach Liebe und Vollkommenheit
Nach seinem Äquivalent

Zwillingin

Recht verschmust ist uns`re Zwilllingin und diskutiert noch
Wenn der Mann schon durch Traumes `öhr kroch
Macht den Geliebten mit ihren Launen heiß
Dass dieser nicht mehr die Richtung weiß
Gelegentlich gibt se sich fröhlich und unbeschwert

Dass se dabei bös denkt, ist schon 'ne Rüge wert
Die Zwillingin ist ein Früchtchen, das bald süß und bald herb
Irritiert den Gaumen des Mannes recht derb
Doch ist er erst mal auf den Geschmack gekommen
Wirkt er im Entzug doch recht benommen

Wer meint, er hätt' ihr Herz getroffen
Kann morgen schon auf der Liste der Verlierer steh'n
Dann ist ihr Herz für jemand anders offen
Der erste mag sich trollen und dann geh'n
An sich möchte sie es nämlich sein
Die erobert und reicht den Wein
Dem verzauberten Mann
Als dass dieser sie sturmreif einfach nehmen kann

Sie liebt es heiter, lebt auf der Sonnenseite des Lebens
Selbst im Tal der Tränen trällert sie Lieder
Der Weg zurück zur Sonne ist Ziel ihres Strebens
Nach kurzer Pause kehrt ihr Frohsinn wieder

Viele Typen verein'gen sich in dieser Zwillings-Frau
Die geschickt von einem Typ zum nächsten springt – ganz schlau
Hat man sich auf den einen eingestellt
Sie sich in der Rolle eines and'ren gefällt
Worauf will ich hinaus?
Männer lernen bei dieser Frau nie aus

Zwillings-Mann

Des Zwillings' Temp'rament drängt ihn hinaus
Wo er sein Talent und auch sein Wissen
Bescheren ihm Applaus
Und wohl duftende Kissen

Erfinderisch ist er, Langeweile erzeugt dumme Gedanken
Lässt seine Launen wirbeln, um die düst're Wolken ranken
Lassen ihn neue Pfade beschleichen
Alte Gefühle dann weichen

Der Zwilling ist ehrlich und selbst glaubt
Dass seine Schwüre der Liebe dem Herzen entspringen
Und wo der nächste Tag diese Liebe raubt

Mögen Stimme und Laute für jemand anders klingen

Feuchten Aug`s gedenken Verfloss`ne seinem Charme
Er selbst kann keine Träne vergießen
Plaudert in illustrem Kreis gern über seinen Schwarm
Dichterische Freiheit mag dabei sprießen

Ergebnis
Zusammengefasst kann man nicht klagen
Und in zwei Zeilen ist zu sagen:
Der Zwilling ist im Grunde
Eine Bereicherung für jede Runde

Krebs

Wenn die Nächte wieder länger werden
Und der Mond regiert über Mutter Erden
Mit einer fast sternenklaren Nacht
Dann ist der Sommer an der Macht
In dieser Zeit werden die Krebse geboren
Dürfen schon als Babys in der Sonne schmoren
Und ihre Spezialität
Ist eine rätselhafte Affinität [38]
Zu den Phasen des Mondes und sie reagieren
Launisch wie der Mond auf dessen Allüren
Auf Ebbe und Flut aller Stimmungen
Ohne Hemmungen

In der Mythologie [39] sandte Hera
Den Krebs aus, als Hercules da
Gegen die Hydra zu kämpfen sich erlaubte
Und Hera ihn ablenken zu können glaubte
Doch was der Krebs da ausgericht`
Weiß ich leider nicht

Wasser wird stets mit Gefühlen
In Verbindung gebracht, und die wühlen
Den Krebs ordentlich auf
Passt er nicht auf, kriegt er eins d`rauf
Zuweilen spiel`nse auch nur mit diesen
Und es ist bewiesen
Dass sie dies schändliche Treiben
Ja, das muss man ihnen unter die Nase reiben
Zumindest grob fahrlässig angeh`n
Ein ungeheuerliches Gescheh`n

Als Symbol passt der Krebs vortrefflich
Zu dem Ich

---

[38] Affinität: Wesensverwandtschaft

[39] Mytholo'gie Gesamtheit der überlieferten Mythen (von Mythos: überlieferte Sage od. Dichtung e-s Volkes od. e-r Epoche von der Entstehung u. der Geschichte der Welt, der Götter u. der Menschheit 2 zur Legende gewordenes bedeutendes Geschehen, Encarta Enzyklopädie

Der Sommergebor'nen
Der gefühlsmäßig Verschwor'nen
Denn in ihre Höhle zieh'n se sich zurück
Werden se verlassen vom Glück
Oder von gift'gen Pfeilen getroffen
Ob nüchtern oder besoffen
Egal, wer der Aggressor ist
Beides ist Mist

Zuweilen präsentieren sie
Auch eine Schale, die
Stärke verkörpern soll
Diese finden se echt toll
Die Schale mag nützen
Sie mag täuschen und schützen
Seinen weichen Kern
Den er gern
Nur einem erlauchten Kreise offenbart
Das ist so seine Eigenart

Seine Höhle ist ihm heilig
Nie wird's langweilig
Hier ist er sicher und kreativ
Werkelt an manchem Superlativ

Der Krebs lebt im Wasser und an Land
Letzt'res macht ihn mit der Realität bekannt
Mit Rechnungen und Tatsachen
Die so manchen Zwist entfachen

Ins Meer zieht er sich zurück
Wenn ihn sein Glück
An Land verlässt und die unauslotbare
Tiefe des Ozeans lockt, die wunderbare
Quelle der Wunderwelt und Fantasie
Die beglückt und verletzt schließlich nie

Seine Kreativität ist kaum zu schlagen
Er schöpft ans Licht, aus tiefen Lagen
Die er selbst kaum kann ergründen
Fantasiegebilde, die mächtig zünden
Gibt ihnen Form und lässt se leben
Darauf woll'n wir einen heben!

In jede Rolle kann der Krebs schlüpfen
Er kann hinken, geh´n und hüpfen
Je nachdem, welche Tarnung gefragt
Welcher Widersacher nagt
An seinem Kostüm dem zarten
Der Nerven, umgeben vom harten
Äuß`ren Gebild`
Im harten Kampf erprobtes Schild
Und unter diesem Schild reaktualisiert sich immer wieder
Der Zyklus von Tod und Renaissance der Glieder
Der Zyklus der Jahreszeiten
Der Nähe und unendlicher Weiten
Deshalb ist`s für den Krebs so wichtig
Schöpferisch zu sein, umsichtig
Er folgt einfach dem geheimnisvollen Rhythmus
Des Meeres, des Monds, des Organismus`
Er kann sich selbst nicht erklären
Warum sollten wir uns beschweren
Die Natur ist nicht in der Pflicht
Erklärungen zu liefern, nein, so nicht
Erkennen wir sie an
Sind wir gut d`ran
Wo nicht
Verlier`n wir vor Gericht

Beständig ist der Krebs, indem er
Eine Maske bereithält, die er ganz leger
Der veränderten Situation anpasst
Darauf mache man sich gefasst

Es ist sein vornehmliches Ziel
Dass er auch an Land, kostet`s auch viel
Einen sich`ren Fluchtort installiert
Und nicht mehr soviel Zeit dabei verliert
Auf der Flucht vor dem, was ihn unweigerlich
Sowieso einholt: das eig`ne Ich

Er ist mit Freuden Archivar
Bewahrt, was früher mal geschah
Fotos, Wertpapiere, Traditionen
Keinen kann er davon verschonen
Vieles davon im Schuppen liegt
An das sich gern noch seine Seele schmiegt

Auch könnt` man ja irgendwann
Wenn man`s braucht, da noch mal ran
Mit der Vergangenheit verbunden zu sein
Ist kostbar wie alter Wein
Weil Vergang`nes bekannt, geht keine Gefahr
Von ihm aus, und wie wahr
Aus einer sich`ren Vergangenheit kann`s gelingen
Dass von dort auch sich`re Dinge künftig entspringen
Zu verteid`gen hat er einen weichen
Kern, den`s gilt einzudeichen
Mit einem mächt`gen Panzer, der
Ihn schützen soll, denn wer
In ihn einzudringen sich erfrecht
Dem gelingt dies ob des Panzers schlecht

Wunder Punkt

Mit dem Elefant` hat er ein`ges gemein
So erinnert sich auch dieser fein
Selbst nach Jahren noch an manchen Pfeil
Der ihm ward zuteil

Und mit der Erinn`rung kehrt das Schmollen
Die Wut und auch das Grollen
Zurück
Stück für Stück

Launisch und nachtragend ist er
Nix vergisst er
Aus der Mücke wird der Elefant
Bis unerkannt `ne Wand
Durch Ängste und Sorgen
Die bedrohen das Morgen
Hochgezogen ist
Und an seinen Nerven frisst

Der Krebs steuert sein Ziel
Nicht direkt an, weil er zu viel
Angst vor ihm hat
Und in der Tat
Er umrundet es, weicht aus
Tut so, als mache er sich nichts d`raus
Und packt dann überraschend seine Beute

Es sind schon hinterlist`ge Leute

Wenn die Scheren ihr Ziel erst fest umschlossen
Halten se fest, ganz unverdrossen
Selbst wenn Hiebe auf ihn niederstürmen
Wird er `nen Teufel tun und türmen

Der Krebs ist sehr von sich eingenommen
Es ist aber auch schon vorgekommen
Dass er sich beeinflussen lässt von dritter Seit`
Wenn dieser nur gescheit

Kritik kann er gut vertragen - es sei denn
Sie ist berechtigt und wenn
Dieser Fall eintritt, dann
Er vortrefflich im stillen Winkel schmollen kann
Oder es fliegen zum Entsetzen
Des and`ren die Fetzen

Nicht so schön ist`s hingegen
Wenn der Krebs, nun ganz verwegen
Sanften Druck der Erpressung einsetzt
Den and`ren mit Schuldgefühlen vernetzt
Er dann auch noch den Märtyrer [40] spielt
Und dabei nur auf das Ergebnis schielt
Dass nämlich das eintrifft genau
Was der Krebs, ganz schlau
Mit wunderbarer, instinktiver Anmut
Geplant hat, so weit, so gut

Den Märtyrer spielen se auch gern
Wenn Verlust droht, schon von fern
Isolation oder wenn der Partner gar
Macht sich unabhängig und damit rar
Das ist wahrhaftig nicht schön, nicht klug
Und obendrein kein feiner Zug

---

[40] 'Märtyrer   1 (rel.) Christ, der für s-n Glauben Folter u. Tod erduldet, Blutzeuge 2 j-d, der wegen s-r Überzeugungen Verfolgung, Folter od. Tod erleidet (Encarta, Enzyklopädie)

Sie speisen gern und fressen
Ärger meist in sich hinein währenddessen
Sie über erstaunliches Fassungsvermögen verfügen
Sich dann notgedrungen mit der Zuschauerrolle begnügen

Für gewöhnlich ist er eher geneigt
Wenn einer miese Seiten nicht verschweigt
Voller Mitgefühl Verständnis dafür zu zeigen
Statt diesen ohrzufeigen
Er vermeidet off nen Schlagabtausch
Erst später gerät er in `nen Rausch
Wenn er sich`s im stillen Kämmerlein bedenkt
Dann oft nämlich sein Fähnlein schwenkt
Verbündete sucht er sich dann
Mutiert so zum Dobermann [41]
Und zerreißt sich sein Maul über den armen Dritten
Mit dem er sich doch gar nicht gestritten

So wird das, wofür er einst noch Verständnis gehegt
Als mieser Charakterzug ausgelegt

Auch ist er bekannt für `ne Kritik
Die unter den schönen Nabel zieht
Die durchaus diskreditieren, verletzen soll
Das ist wahrlich nicht so toll
Die Schattenseite des Krebses manifestiert sich in schalem
Verbalem

Was and`re von ihm denken und halten
Kann er einfach nicht ausschalten
Wo Zurückweisung oder Erniedrigung auf ihn niederrieseln
Da muss er sich verpieseln
Drum traut er sich auch kaum an Dinge ran
Wo sowas schon mal passieren kann

Seine lebend`ge Fantasie ihn immer wieder trägt
In luft`ge Höhen, an deren Ast oft sägt
Die Luftblase, die zerplatzt und

---

[41] Dobermann: großer Hund mit glatten, kurzen braunen od. schwarzen Haaren, der meist als Wachhund gehalten wird

Lässt ihn fallen auf ungemütlich` Grund
Anstacheln sein Geblüt
Ankratzen sein Gemüt

Er klagt gern über Geld, das ihn verließ
Doch dass er dieses ließ

In Aktien anlegen
Macht ihn kein bisschen verlegen
Heimliche Rückendeckung kann nicht schaden
Auf nebulösen Pfaden

Wo der Krebs lernt, mehr an sich selbst zu denken
Dort wird ihm das Leben schenken
Dass seine Schattenseiten im Keller verbleiben
Und sich dort beim Pokerspiel die Zeit vertreiben

Berufliches

Im Betrieb lässt er sich gern als Arbeitstier ausnutzen
Und wird solange emsig rechnen, sägen, putzen
Solange die Kohle halbwegs stimmt
Und er noch genügend mit nach Hause nimmt
Fühlt er sich ungerecht aber behandelt
Quittiert er schmollend den Dienst und wandelt
Schnurstracks zu auf die nächste Blase
Der Seifen - mit hoch erhob`ner Nase

Er achtet fremde Gefühle und lenkt sanft
Als Autorität läuft´s recht unverkrampft
Und wenn geschieht, was der Krebs suggeriert
Ist`s schon häufig passiert
Dass der andere denkt
Er habe dem Krebs selbst einen eingeschenkt

Liebe

Den Lebenssinn findet er nicht selten
Im geliebten Menschen, der soll was gelten
Zuweilen passt dies einer inn`ren Stimme, die nach oben driftet
Nicht, so dass diese zwangsläufig Unfrieden stiftet
Zunehmender Groll, den der Krebs gegen sich selber richtet

Wirkt, allmählich aufgeschichtet
Wie eine Bombe, die irgendwann
Schaden anrichten kann
Es nagt am Krebs das Unbehagen
Das tief verfestigt in seinem Magen
Dass er nicht sein eig`nes Leben lebt
Und der Mensch, für den er güld`ne Brücken webt
Für den er pausenlos gibt
Vielleicht `nen and`ren liebt

Der Krebs verliebt sich nicht mal so einfach eben
Ein bisschen Sicherheit sollt` es auch schon geben
Auch Vertrauen und Herzenswärme wär`n nicht schlecht
Auch hat die Lieb` was mit der Mutter zu tun – echt
Er möcht`nämlich gern bemuttert werden
Auch den ander`n bemuttern - bei Beschwerden
Kaum zeigt man, dass man ihn braucht
Im Krebslein das Interesse raucht
An den starken Seiten ist`er wen`ger interessiert
So sind starke Partner ergo angeschmiert

Der Krebs ist eine treue Seele
Dem man besser nicht stehle
Den Geliebten und sein trautes Heim
Sonst fühlt er sich in seinem Panzer allein
Hatt er sich erstmal für jemand entschieden
Wird`s kategorisch vermieden
Sich aufs Glatteis zu begeben
Um `ne Gardinenpredigt zu erleben
Was ihm heilig ist, wird nicht aufs Spiel gesetzt
Wird ja selbst nicht gern verletzt
`Ne Scheidung ist für ihn – ganz ehrlich
Entbehrlich

And`rerseits fürchtet er ständ`ge Querelen
Die ihm stehlen
Den Seelenfrieden
Und so gilt`s zu schmieden
`Nen Kompromiss
Jeder weiß, was das is`:

Der Krebs wird dann von selbst so unerträglich
Dass der an`dre überschläglich

Die Ehe für gescheitert hält
Und, bevor er 'nen and'ren wählt
Gibt dem Krebs den Laufpass
Worauf der Krebs, das Aas
Nur spekuliert
So ist sein Gewissen nicht tangiert
Die Wege des Krebses sind sekündlich bis stündlich
Unergründlich

Doch bis es soweit kommt
Sich der Krebs sehr erfrommt
Man muss sich schon viel Mühe geben
Ihm vielleicht trachten nach dem Leben
Auf seine Gefühle trampeln
Halten vor grünen Ampeln
Ihn mit and'ren betrügen
Belügen
Seine Träume zerstören
Ihn ständig verhören
Irgendwann ist selbst der Krebs mürbe
Und bevor er stürbe
Geht er vor nach diesem Schema
Aus ist dann das Thema

Leicht ist es
Den Krebs, insoweit nicht Tristesse [42]

Wegen seiner Vorteile zu lieben
Wenn sich an diese aber Nachteile schmiegen
Wenn es gilt, seine Launen zu ertragen
Ihn nach der Rolle zu fragen
Die er g'rad'spielt, Mutter oder Kind
Oder aber einfach so nur spinnt
Oft ist er alles auf einen Streich
Einer Rumkugel gleich
Dann ist es schwer

---

[42] Tristesse, franz.: Traurigkeit, Öde, Trübsinn

Muss ein Orakel [43] her
In allem sich nur widerspiegelt
Ob er sich raustraut, oder einigelt
Seine Sehnsucht, nach Liebe und Nähe
Und wo er fühlt, dass dies geschehe
Einen Menschen, mit warmem Herzen
Den mag er herzen
Wer eine Ahnung davon hat
Von einem Menschen, von diesem Prädikat
Von diesem Träumer, zerbrechlichen
Mag werden beschlichen
Von einer großen, Überraschung, Geschenk
Und ich denk`
Es ist sein instinktives Wissen
Um Schmerzen, Leid, Gewissen

Nicht nur der Kelten
Sowas findet man in diesen Zeiten selten

Der Krebs, der von der Lieb` ergriffen
Und dem der Mund überläuft von Süßholz wohl geschliffen
Kommt in dieser Prägung eher selten vor
Meist ist nämlich zu deuten sein Dekor

Bestimmte Signale sind der Auslegung bedürftig
Ob nun wohlgesonnen oder giftig
Ist er anhänglich, möchte er auf`n Arm
Jammert er, zerfliesst er in Selbtmitleid – Alarm
Ist er mürrisch und verdrossen
Fühlt er Ablehnung und sich wie `nen Pudel begossen

Den Griesgram-Krebs kehrt er nach außen
Wird er nicht anerkannt und steht draußen
Er versteht ja selbst nicht, was sich da tut
Macht sich im stillen Kämmerlein immer wieder Mut
In das er sich natürlich auch verzieht
Konfrontiert man ihn damit, was da so g`rad gechieht

---

[43] Orakel : -1 Weissagung, Wahrsagung 2 rätselhafter Ausspruch, mehrdeutige Auskunft 3 Kultstätte der Antike, an der Weissagungen verkündet wurden 4 wahrsagende Person in (3)

Der Krebs hat eine tiefe Bindung an Mama
Was in der Beziehung manchmal zu einem Drama
Ausarten kann
So dann und wann

Der Krebserich

Der Krebserich fahndet nach der Frau
Die fast ganz genau
Wie seine Mama behütend, alles vergebend,
Verstehend und versorgend
Ist
Und ihre Pflichten nicht vergisst

Wir Männer spielen gern den Helden
Als solche haben wir aber nichts zu melden
Wenn wir Krebse sind (so wie der Autor)
Die wie ein Kind
Zur Mama rennen
Und dabei vielleicht noch flennen
Und das mitten in der Schlacht
Wenn`s g`rad so schön kracht
Wo also die Beziehung zur Mutter nicht aufgearbeitet ist
Wird er statt Held lieber Florist

Seine Ängste und Launen
Sein Zänkeln und Raunen
Verlangen Aufmerksamkeit und Pflege
Gefragt ist hier der Stratege
Der all dies durchschaut
Und ihm `ne güld`ne Brücke baut

Krebse haben oft `nen schlechten Stand
Verfügen se auch über Verstand
Fall`n se mit Fantasie und Gefühl aus dem Schema
Das die Gesellschaft bereithält zum Thema
Macho-Gehabe
Der Krebs im Kern insoweit Waisenknabe
Als Krebs in der Schale dagegen oft brillant
Ist er doch freundlich und dominant
Den Preis aber für diese Tarnung
Zahlt der Kern in der Schalung

Ein langweil`ger Liebhaber ist er mitnichten
Zuweilen muss ein Dritter schlichten
Weicht er aus und je größer sein Problem
Flieht er ganz bequem
Zu Mama oder in sein Versteck
Und rührt sich ganz lang` nicht vom Fleck
So lösen sich Probleme ganz von selber auf
Mit `nem großem Schluckauf
Dann wird er wieder lebendig, gefühlvoll
Zärtlich, sanft – und ohne Groll
Der Krebs ist schon toll

Erobern kann diese Gefühls-Spezies nur, wer
Sich auskennt mit dem Wechselspiel der Gezeiten und der
Seine Zunge auch mal dann und wann
Stille halten kann
Denn er sortiert in Ruh` gern seine Gedanken
Sonst gerät er ins Schwanken

Er ist ein treuer und aufmerksamer Liebhaber
Der Wünsche von den Lippen abliest, aber
Es gibt Tage, da ist schlecht Kirschen essen
Mit ihm, da verkriecht er sich in die Schale währenddessen
Er seinen weichen Kern emsig streichelt
Wohl dem, der ihm in solcher Phase auch noch schmeichelt
Keine Fragen stellt und zärtlich ist
Und sein merkwürd`ges Verhalten schnell vergisst

Für Belehrungen ist er nicht empfänglich
Sie kränken ihn hinlänglich
Die kluge Frau fädelt`s dann so ein
Mit vielen Tricks und Kerzenschein
Dass er ihr auf den Leime geht
Und ihre Lösung als seine versteht

Die Krebsin

Die Krebsin dageg`n ist `ne holde Pflanze
Geht in der Liebe oft aufs Ganze
Nicht nur, weil der Mond ihr Schutzpatron
Der die Nacht erhellt und schon
So manches Mal die Lieb` erglüht
Die für den Mann erschien verfrüht

Doch ihre Herzensfunken nicht selten
Ließen auch bei ihm die Liebe dann gelten

Ihr archaisches [44] Wesen zeigen se in der Gabe
Ihrem matriarchalischem [45] Gehabe
In dem Manne nur sein Geschlecht zu seh`n
Und das soll für die Kinder steh`n
Dennoch wird er verhätschelt und geliebt
Das ist beim Manne sehr beliebt

Sie kann einen Mann kastrieren
Und dadurch verlieren
Denn wer wie ein Bub` behandelt wird
Ist verwirrt
Und bleibt einer
Und war man vorher keiner
Wird man einer

Wer jedoch in dem Verhalten dieser Frau
Eine Herausforderung sieht – ein Tau
Das ihn mit seiner Männlichkeit verbindet
Bei dem die Kastrationslust schwindet

Wo dies geschieht mag die
Liebe, wunderbare Blüten schlagen, die
Die Gestalt von Dynamik einnehmen und Leidenschaft
Die Liebe steht so voll im Saft

Die Krebsin ist so in ihren Facetten
Den üblen und den netten
Von einer ganz besond`ren Faszination
Denn locken mag sie schon
Aber auch fesseln
Anfeuern in heißen Kesseln

---

[44] ar'chaisch   1 altertümlich, veraltet 2 aus der Frühzeit stammend, frühzeitlich 3 aus e-r früheren Kunstepoche stammend, vorklassisch
[45] matriar'chalisch   das Matriarchat betreffend, auf ihm beruhend (Matriar'chat , Vorherrschaft der Frau vor dem Mann in der Gesellschaft, Frauenherrschaft)

Zuweilen stößt se einfach nur ab
Dann macht der Liebhaber freilich schlapp

Gefürchtet ist ihre Lust zu mäkeln
Sie liebt dies mehr als schnödes Häkeln
Da kommt ein richt`ges Wort zur falschen Zeit g`rad recht
Schon macht se ihn schlecht
Fällt über ihn her wie ein Wüstensturm
Den armen Wurm!

Gott sei Dank ist se auf der and`ren Seit`
Zur Kritik selbst nicht bereit
Fühlt sich dann auch falsch verstanden
So kann man bei ihr nicht landen

Hat se sich erst mal ein falsches Bild
Von diesem oder jenem eingebild`
Ist se für treffende Argumente
Empfänglich wie für Formeln `ne Ente
Doch sie deshalb zu schelten
Würde se vertreiben in verschmollte Welten

Wer se spiegelt und mit Frohsinn
Lockt, bei dem schmilzet dahin
Das süße Schmollen
Wie das donnernde Grollen

Ihre Gunst zu erlangen
Ist kein unmöglich` Unterfangen
Man gehe schon ein wenig auf sie ein
Nicht zu offensichtlich nur zum Schein
Lausche ihren süßen Worten
In der „Kaserne" und an and`ren Orten
Und lerne, ihre Stimmungen
Als ganz normale Bedingungen
Als Naturereignisse zu versteh`n
So könnt`s dann mit der Liebe geh`n

Und ist die Liebe erst entfacht und somit diese Hürde
Genommen, denkt sie erst, wie`s wohl würde
Mit dem Sex und dessen Zeichen
Denn ohne Liebe nix dergleichen

Ihr Prinz mag ruhig seine Güter
Verloren haben an den schnellen Brüter
Sein Schloss mag ruhig ein gemütlich` Zimmer
Sein, in dem ein wunderbarer Glimmer
Oder Kerzenschein
Lädt zum Verweilen ein

Ihre Gefühle und ihr Sinn
Für Romantik, die sind hin
Kommt man zum Bleistift aus der Oper heim
Und stellt sofort die Glotze ein
Eine solche Überleitung wäre
Ein Faux-Pas [46] von gewisser Schwere
Wer ihre zarte Haut behandelt wie dickes Fell
Den verlässt se garantiert recht schnell

Ergebnis

Zusammengefasst kann man nicht klagen
Und in zwei Zeilen ist zu sagen:
Der Krebs ist schon so`n Gedicht
Recht komplex, dafür aber nicht ganz schlicht

---

[46] Franz.: Ein falscher Schritt

Löwe

Wenn die Sonne im Sommer sich genüsslich reckt
Der kleine Löwe erstmals an Mutters` Busen schleckt
D`rum ist er wie die Sonne von selt`ner Energie
Scheut keinen Kampf und irgendwie
Ist er nicht klein zu kriegen
Nicht mit Gold aufzuwiegen
Wird beherrscht von der Sonne
In deren Glanz er sich voll Wonne
Spiegelt

Der Löwe am Himmel ist eine Konstellation
Von Eltern, Tochter und Sohn
Der viele Sterne erfasst – Galaxien
Und himmlische Melodien

Er ist ein Feuerzeichen
Und vortrefflich zu vergleichen
Mit Feuersbrunst und Kraft
Die Veränd`rung schafft

Das Streben des Feuers ist zu eruieren
Wie es am besten sich ausbreiten kann, zu illustrieren
Seine Macht
Vor, in und nach der Schlacht
Es geht dem Löwen dabei darum
Er nehme es mir nicht krumm
Seinen außergewöhnlichen Mythos [47]
Zu erfüllen, zudem sein Ethos [48]
Und mit seinen Idealen kann er einen
Durchaus reizen zum Weinen
Ein Romantiker ist er von Herzen, der sich gern
Ein Bild erstellt vom Leben und dieses ist im Kern
Von Harmonie und Zauber begleitet
Und mancher mit ihm darüber streitet

---

[47] 'Mythos 1 überlieferte Sage od. Dichtung e-s Volkes od. e-r Epoche von der Entstehung u. der Geschichte der Welt, der Götter u. der Menschheit 2 zur Legende gewordenes bedeutendes Geschehen od. Person 3 glorifizierende od. verfälschende Darstellung e-s Geschehens, e-s Sachverhaltes od. der Eigenschaften von Personen
[48] Ethos Gesamtheit der das Handeln bestimmenden sittlichen u. moralischen Grundsätze

Ob denn der Mensch in der heutigen Zeit
Ist überhaupt noch für Märchen bereit
In welchem der Böse stets vom Guten
Gestellt wird und muss gebührlich bluten

Einen lebenden Anachronismus [49] er repräsentiert
In einer Welt, die ungeniert
Werte wie Ehre, Stellung und Treue
Belächelt ohn` jede Reue
So nimmt es nicht Wunder
Wenn er rumläuft wie kein gesunder
Entzauberter Löwe mit einem Ausdruck im Gesicht
Als leide er an Gicht

Weil er das Bad in der Menge so liebt – vielleicht
Fürchtet er den Schatten, der über seine Seele schleicht
Wenn er nicht mehr geliebt wird und
Nur noch Mittelmaß darstellt wie ein Hund
D`rum und vor allen Dingen
Gilt es Applaus zu erringen

Die Reise des Löwen geht zunächst zu seinen Quellen
Er hofft, dort etwas zu stellen
Das repräsentiert seinen Kern
Und leuchtet wie ein Stern
Vielleicht sind es Bilder, eine Firma oder ein Buch
Jedenfalls irgendwas von hohem Anspruch
Er verwirklicht sich selbst, indem er etwas schafft
Aus dem er stets erneuert seine Kraft

Der Löwe, der stets Befehle empfängt
Sich irgendwann ganz sicher erhängt
Ein Leben ohne Ansprüche in Abhängigkeit
Dazu ist kein Löwe auf Dauer bereit

Er ist wie kein and`res Zeichen
Auf der Suche nach sich selbst und seinesgleichen

---

[49] Anachronismus: der Zeit nicht mehr Entsprechendes, von der Entwicklung Überholtes, nicht in e-n bestimmten geschichtlichen Zeitraum, sondern in e- n vorhergehenden Passendes 2 falsche zeitliche Einordnung

Was ist der Sinn meines Lebens
Die Ursach` meines rastlosen Strebens
Wieso bin ich anders als die and`ern
Wieso muss ich ständig wandern

Zu entdecken, dass eine mächt`ge Quelle
Immer wieder auf die Schnelle
Großartige Ideen produziert
Eine große Genugtuung in ihm gebiert
Wo der Löwe die Antwort zu seinem Rätsel kennt
Dort auf ewig brennt
Das Licht, das and`re lässt erstrahlen
Nicht durch die Körner, die er muss mahlen
Sondern schlicht und allein durch seine Art
Wirken in seinem Glanz auch die and`ren smart

Unter zerstörten Träumen leidet er sehr
Doch zuweilen ist`s ihm eine Lehr`

Aus dem Verlies seiner Selbstgefälligkeit wird er erst befreit
Ist er zu größ`ren Aufgaben bereit
Weisheit, Anpassungsfähigkeit, Wirklichkeitsnähe und Humor
Sind sein bester Doktor
Denn kann er erst über sich und seine Schwächen lächeln
Wird er nicht mehr so leicht schwächeln
Das ist für ihn ein dornenreicher Weg
Denn in den Märchen war es stets das Privileg
Der Helden, ernst, nicht etwa komisch zu sein
Zuweilen auch mehr Schein als Sein

Das Bild vom Löwen von der Zuversicht und fliegender Mähne
Sonnenschein und glücklicher Strähne
Bereitschaft, mit jedem Feind zu ringen
Und ihn in die Knie zu zwingen
Von der Selbstliebe und der Liebe vom Leben
Auch das Applausbad in der Menge anzustreben
Ist überliefert und er ist nicht froh über dieses Bild
Zweifelhaft ist`s, ob`s wirklich gilt
Denn im Zeichen des Löwen geboren zu sein
Heißt nicht, dass dieser Schein
Nicht möglicherweise trügt, und die große Frage
Ist, ob man nicht von der Anlage
Her ein and`rer ist, weil der Same

Nicht aufging und die Dame
Die einen geboren und erzogen
Im Verein mit dem Vater und wohl bewogen
Von einer ganz and`ren Pflanze
Träumte und das Ganze
In eine and´re Richtung schwenkte, sodass, na sagen wir mal
Die Sterne uns zwar reflektieren, doch das Schicksal
Ist nicht unbedingt von ihnen bestimmt
Weil es zuweilen einen and`ren Verlauf nimmt

Die Kraft ist dem Löwen durchaus bewusst
Und auf seiner Stolz geschwelten Brust
Steht in großen Lettern „M U T" geschrieben
Dieser hat schon manchen in die Flucht getrieben

Im Reich der Tiere ist der Löwe König
Auch bei den Menschen zählt er nicht wenig
Er trägt seinen Kopf recht weit oben
Und von unten wird noch nachgeschoben
Sein Zepter trägt er ohne Scham
Am ausgestreckten Arm

Da Löwen von der Sonne
Von Glut und Wonne
Regiert werden
Gibt`s keine Beschwerden

Gelobt sei ihre Sonnenenergie
Die Ihre Umgebung erwärmt
Von der jeder schwärmt
Selbst an kalten Wintertagen
Versprüh`nse Kaminfeuerwohlbehagen

Teil ihrer Taktik
Ist eine fantasievolle Dramatik
Die das Leben in allen Facetten
Düst`ren und netten
Lebt
Und nach Genuss dabei strebt

Wie Mutter Sonne von den Planeten
Umkreist wird – wie erbeten
Sehen sich auch Löwen gern im Zentrum

Dankbarem Publikum
Das applaudiert auf Geheiß
Selbst beim größten Mist (so`n Scheiß, nix reimt sich
auf Geheiß)

Die Pfade des Löwen sind von Glück gezeichnet
Deshalb gern von Risiken begleitet
Aber das Glück lässtse immer wieder stranden
An wohlgesonn`nen Landen

Dem Löwen geht`s so richtig gut
Wenn er Chef ist über die Brut

Das gilt für den privaten wie für den beruflichen Bereich
Er steht oben, unter ihm sind alle gleich
Dabei spiegelt sein Herz den Reichtum
Der Natur und sein Publikum
Ist sehr zufrieden
Ungleichheit wird vermieden
Freude erlebt er beim Teilen
Bei so einem lässt´s sich gut verweilen

Ihm ist es in die Wiege gelegt
Dass der and`re sich sofort in seinem Sinne regt
Vielleicht ist`s sein Charme
Dass der and´re möcht`so gern auf`n Arm
Vielleicht seine Beredsamkeit
Die marschbereit
Macht oder seine Fähigkeit zu begeistern
Honig in seinen Bart zu kleistern

Löwen haben `ne verschwenderische Art
In der sich offenbart
Ihr übervolles Herz, ihre gute Seele
Die danach trachten, dass nichts fehle
Harmonie zu empfinden
Unglück mag schwinden
Doch müssense lernen, ein wenig zu sparen
Um nicht im Schuldturm zu garen

Wunder Punkt
Der Löwe trägt eine gewisse Tragik in seinem Zeichen

Als Geschöpf halb Tier halb Gott ohn`gleichen
Ist er blind für seinen Ursprung und die Tatsach`
Dass auch and`re Menschen leben mit ihm unter einem Dach
Die sich durchaus von ihm unterscheiden
Ihn bei zuviel Selbstgefälligkeit meiden
Lässt ihn leiden
Ein Held ist der Löwe erst dann
Wenn er diese Lektion beherrschen kann

Wo er den Selbstrespekt nicht in seinem Wesen findet
Er alsbald in die Welt entschwindet
Um ihn wie Opium dort zu erbetteln
Dabei kann man sich natürlich verzetteln

Bezeichnend ist auch seine Neigung, das sich`re Bewährte
Um das unsich`re, gefährliche, aber glitzernde Begehrte
Willen zu verlassen
Der Reiz des Alten scheint leicht zu verblassen
Wo ihn neue Anforderungen reizen
Mag er auch nicht mit ruinösen Investitionen geizen

Wo immer er mit großem Pinsel seine Welt
Farbig malt und dadurch erhält
Seine Sicht der Dinge
Fragt er sich, ob`s ihm wohl gelinge
Jemand` zu finden für den Kleinkram
Des Lebens, den dieser ohne Scham
So wie Spuren der Malerei
Dabei so manche Schweinerei
Berein`gen könnte
Und der sich dabei sogar erfrömmte
Auch and`re banale Dinge zu klären
Die dem Löwen Standesgreuel wären

Er ganz unbewusst erweckt
Den Eindruck, er erwarte, dass sich jemand streckt
Just für ihn, der ihn versorgt, den Rücken freiräumt
Während er sich selbst zu dem Eigentlichen aufbäumt
Er lässt sich dergestalt in sein visionäres Traumgebilde binden
Dass er nicht merkt, wie die and`ren empfinden
Wenn sie seinen Dreck wegfegen
Und dabei auch noch Überstunden einlegen
Und das Schlimme ist: Sie tun`s auch noch gern

Für die Gebor'nen unter diesem Stern
Weil Löwen auf der and'ren Seit' soviel Positives geben
Vermag sich im ander'n kein rechter Groll hegen

Während sich im Geiste des Löwen alles um ihn dreht
Er oft nicht versteht
Warum nicht all'seine Vasallen
Erweisen ihm diesen Gefallen

Auch ist's schwer zu versteh'n
Wie die Erde sich auch ohne ihn vermag zu dreh'n
Scheint die Sonne, versteht er es als Lob des Himmels
für sein Wirken
Regnet's, gereicht es zum Wachstum der Birken

Fehler and'rer werden gern überseh'n
Wenn dies mag auch andersrum so geh'n
Er stellt nicht unter den Scheffel sein helles Licht
Lässt and're auch in diesem sonnen – vergisstse nicht
Doch ihre Eitelkeit – ich sag's ganz offen
Wird noch vom Hochmut übertroffen

Da nichts, was der Löwe in Angriff nimmt
Klein ist, so ist auch ganz bestimmt
Der Schatten, den er wirft, stets von gar mächt'ger Gestalt
Egal, ob der Schatten von edlem oder miesem Gehalt
Wenn er leuchtet, leuchtet er heller als and're – wie ein Stern
Steht er im Schatten, ist das finsterste Loch nicht fern

So wie er abhängig ist von dem Gefühl, unabdingbar zu sein
So schwer geht es in seinen Kopf hinein
Dass der and're auch ein wenig Auftrieb begehrt
Bevor dieser sich im bloßen Nehmen verzehrt

Der Löwe gibt mit Freuden
Will sich mit Nehmen keine Zeit vergeuden

Der andere dann ja auch auf einer Stufe mit ihm stünde
Dessen Verpflichtung damit entfiele, welch' Sünde

Schwer ist's für ihn, das Licht des and'ern leuchten zu seh'n
Für den Löwen ein unfassbares Gescheh'n
Schreitet er ein und protestieren sie

Setzt er ein viel Charme und Fantasie
Am Ende verblasst deren Licht
Fühlen sich undankbar und wie ein Wicht

Die and`ren haben für den Löwen die Stellung
Als bildeten sie die Verläng`rung
Seiner eig`nen Talente
Und wo dort reift eine gehaltvolle Komponente
Übernimmt er den Kern und gibt ihn aus
Als seine Idee und erntet Applaus
Und fühlt sich dabei noch nicht mal schlecht
Nein, sogar noch voll im Recht
Denn er ist beseelt von der Idee
Dass die Talente seiner Armee
Als Ergebnis seines Wirkens in sein Säck`l fallen
Proteste bei ihm rasch verhallen
Dem König gebühren die Steuern
Um seine Leuchtkraft zu befeuern
Die auf das Volk reflektiert zurück
So lebt jeder auf seine Art im Glück

In der Anklage steht ferner geschrieben
Der Löwe habe es zu bunt getrieben
Fehl` ndes Einfühlungsvermögen in die Gefühlswelt
seiner Vasallen
Sei so manchem böse aufgefallen
Er sei zu tief in sein Ego eingesunken
Selbstliebe habe schon gestunken
Habe unerwünschten Rat erteilt
Und sich mit der Rechnung zu sehr beeilt
Den, bei dem war alles im Lot
Rettete er aus vermeintlich höchster Not
Und wurden Rat und Rechnung ignoriert
Reagierte er auch noch pikiert

Wie kann der Löwe ein Held sein
Wo des Volkes Nöte sind recht klein
Für den Lebensretter geht es einfach nicht an
Dass ein jeder schwimmen kann
Wo verbleibt da der Sinn seines Lebens
Das Ziel seines Strebens

Ferner habe er versäumt, aus sich selbst heraus was zu schaffen

Statt fremde Früchte an sich zu raffen
Sich selbst mehr Kreativität anzuempfehlen
Statt ander'n die Schau zu stehlen
Weil er keine Zeit für seine eig'nen Talente fand
Raubte er fremde unter 'nem Vorwand

So sei er verbittert und eifersüchtig geworden
Und abtrünnig geworden

Gute Eigenschaften schlagen leicht
Wenn der Schlendrian schleicht
In`s Geigentil um
Man nehm`s ihnen`s nicht krumm

Stolz mag in Arroganz umschlagen
Warmherzigkeit Leichtsinn in sich tragen
Geltungsstreben sich in Geschmacklosigkeit und Übertreibung
Verwandeln. Nobody is perfect, Vergebung!

Liebe

Löwen sind gesegnet mit Charisma und Charme
Ihnen fliegen nur so in den Arm
Die allerbesten Chancen
Annoncen, Avancen
Bei der Partnersuche habense´s schwer
Wer gibt denn am meisten her?

Den Löwen erobert man und frau
Mit großen Gesten, und ganz genau
Mit Romantik bei Kerzenschein
So fließt beim Löwen Liebe ein

Sie flirten gern
Und streiten um des Pudels` Kern
Doch landense mit jemand` im Heu
Sindse beständig und treu

Man muss sie ständig gießen
Damit aus ihren Knospen sprießen
Neue Blüten ihrer Genialität
Anmutender Majestät
Sonst zieh`nse sich schmollend zurück

Wenn auch nur ein kurzes Stück

Er vermag zwar brüllen mit Getöse
Im Grunde ist er aber nicht böse
Mutiert dann zu 'ner Katze
Entfernt die Mähne und zeigt 'ne Glatze

Die Liebe ist für den Löwen etwas Mythisches, Tiefes
Wunderbares, Dramatisches
Er leuchtet im Zentrum als strahlende Sonne
Für den and'ren zur liebreizenden Wonne
Zuweilen verselbständigt sich die Liebe so sehr
Dass sie findet keinen Bezug zum Geliebten mehr
Für die passende Geste hat er 'nen Gespür
Die öffnet ihm so manche Tür
Für kostbare Präsente erwartet er Ehre
Von gebührlicher Schwere

Obwohl er sich sonnt im Gefühl, reichhaltig begehrt zu werden
Ist es für ihn ein Muss auf Erden
Treu zu sein, er ist Idealist
Für den die Liebe wie Gold beständig ist
Die Beziehungen des Löwen sind begleitet von Ovationen
Aber auch Komplikationen
Herrlichen Momenten
Und Sterbessakramenten
Er krankt an Idealen
Die mit gewöhnlichen Linealen
Nicht messbar sind
Und so trägt der Wind
Sie hinfort
Zu einem verträumten and'ren Ort
Wo die Liebe eingebunden in ein Paradies
Ihn beglückt das und dies
Und zuweilen wird ein Märchen wahr
Und es findet sich ein Königspaar

Kein and'res Zeichen ist in der Lage
Wiederaufleben zu lassen die Sage
Wo Prinz Heinrich und Prinzesschen Rosalinden
Zueinander finden

Berufliches

Seine Karriere wird, wer hätt`s nicht geahnt
Sorgfältig geplant
Zunächst wird dem Chef gezeigt
Dass er auch sehr geneigt
Die Pflicht gewissenhaft zu erfüll`n
Fleissig zu sein, ohn` dabei zu brüll`n
Neider bringt er durch seine gewinnende Art zum Schweigen
So kann er langsam nach oben steigen

Wer den Erfolg nicht im Berufsalltag findet
Der entfleucht ins Private und schindet
Die eig`ne Meute als Haustyrann
Wofür er nicht mal was kann
Denn Schuld daran ist nur sein Aszendent
Den er anbrüllt, wenn er ihn kennt
Oder bei Geburt `ne fatale Sternenkonstellation
Die ihn unterversorgt mit Inspiration

Als Chef spielt er zuweilen die Stimmungskanone
Auch seriöse Monologe sind nicht ohne
Während er sich selbst mit den Noten abschleppt
Sein Personal mit`nem Klavier die Stufen hochrappt

Er fördert gern Talente aus seinen eig`nen Reihen
Sie lassen Ruhm auf seine Mähne schneien

Widerspruch wird nicht so gern vernommen
Doch ist es schon vorgekommen
Dass eine Lobrede, die dem Löwen schmeichelte
Und seinen Stolz gebührend streichelte
Ihn dergestalt gefügig machte
Dass es bei anschließender Kritik nicht mehr so krachte

Speichellecker haben bei ihm leichtes Spiel
Mit Lob treffen sie den Stolz, ein großes Ziel
Der den Sinn für Menschenkenntnis trübt einstweilen
Doch am Ende werdense sich beeilen
Vernunft walten zu lassen
Und kühle Entschlüsse fassen

Der Gentle-Lion-Man

Diese spezies strahlt Heroisches aus
Und Weibchen ziehen hinaus
Um diesem Mythos zu begegnen
Mögense dabei auch verregnen

Dem charmourösen Gentlelöwen ist durchaus bewußt
Dass Liebe bedürft`ge Damen hätten gern Lust
Sich mit dem Königlichen durch List und dergleichen
Von mancher frommen Feier zu schleichen
Und wo sie ihm nicht widerspricht, er ihr gar gefällt
Da bleibtse halt länger in seinem Zelt

Und wo sie oft ihren König lobt
Mit der er sich bald verlobt

Seine Zuversicht und Wärme kommt bei den Damen an
An so einen macht man sich gern` ran
Möcht` sich in seinen Armen geborgen fühlen
In seiner Mähne lustvoll wühlen
Ihm seine Krallen putzen
Und auch sonst bereit sein zu manchem Nutzen

Wo sich soviel Schönheit vor ihm präsentiert
Ist er freilich desorientiert
Und geneigt, so manche Kostprobe zu nehmen
Zu kurz ist halt das Leben

Wie seine Gesten sind auch Liebeserklärungen nicht ohn`
Dramatik und Glanz
Für eine Dame nicht ohne jede Relevanz
Er vermittelt ihr das Gefühl, grenzenlos begehrenswert zu sein
Und welche Frau fällt auf so eine Tour nicht gern mal rein
Aller Emanzipation zum Trotz, sein archetypischer [50] Charme

---

[50] Archetyp, in der Psychoanalyse Carl Gustav Jungs genetisch verankerte Urbilder oder Urvorstellungen, die alle Menschen teilen. Sie sind die Inhalte des „kollektiven Unbewussten" und bestehen aus Symbolen, die nach der Vorstellung Jungs in allen Kulturen und in allen geschichtlichen Phasen Verwendung fanden. Sie finden sich daher besonders deutlich in Mythen, Märchen, Religion und Kunst. Das persönliche Un-

Wirkt wie Balsam

Doch wo die Dame eig`ne Interesse entwickelt
Und es nicht mehr so prickelt
Ihn, den König, im Zentrum zu seh`n
Spürt er den Wind von vorne weh`n
Er muss spüren, dass sie als Mond mit Wonne
Ihn als Sonne
Von Herzen gern umkreist
Dabei stets seinen Namen preist
Sonst geht`s schief
Und der Stachel sitzt dann tief
Sie mag sich hüten, ihr eig`nes Licht erstrahlen zu lassen
Wie leicht könnt`sein eig`nes dabei verblassen

Der Löwe kennt nur gut oder böse
Diese beiden Extreme
Und dass Prinzessinnen heutzutage
Das ist des Löwen Plage
Lernen, sich selbst zu befreien
Ist für den Löwen zum gar fürchterbaren Schreien
Verfällt dabei von einer Krise zur ander`n
Muss nachts ständig wandern
Und fragt sich nach dem Sinn seines Lebens
Schmachtet nach Hilferufen - vergebens

Wo er gelegentlich von oben herab
Herzlichkeit versprüht, und nicht zu knapp
Ist Triebfeder mitnichten Arroganz
Nein, sein königlicher Glanz

Der seinem Volk huldvoll ist geneigt
Und dabei Führungsqualitäten zeigt
Löwen leben in einer Welt, die Traum bewogen
Werden gern von erdgebund`nen Damen angezogen
Die vereinigte Vielfalt ist groß wie der Ozean
Gegensätze ziehen sich an

---

bewusste, das vorwiegend aus den einer Person eigenen, emotionalen Komplexen besteht, drückt Archetypen in Träumen oder Phantasien meist in personifizierter oder symbolischer Bildform aus.

Den Löwen schiesstse sich in stilvollem Ambiente
Bei Kerzenschein und Peking-Ente
Noblesse oblige [51], Stil muss schon her
Ist schließlich `nen Löwe und kein Bär
Nobel geht die Welt zugrunde
Und wenn`s sein muss - mit Kunigunde

Die Dame, die nach seiner Krone schielt
Ist verloren, wenn Eifersucht mitspielt
Einsehen müssense schon, dass es das Recht des Königs ist
Dass er schon mal aus fremden Näpfen frisst
Dass er sich auch and`ren huldvoll erweist
Und gern mit ihnen speist
Er nimmt sich heraus und das ist sicher verkehrt
Was er seiner Königin verwehrt
Wird sie ihm selbst `nen Grund zur Eifersucht geben
Muss er sie verlassen eben

Im Bette kommt er schnell zur Sache
Ohne große Voranmache
Kraftvoll setzt er sich für seine Klimax [52] ein
Und es wäre fein
Ließe sich die Frau von seinem Tempo anregen
Und ihre eig`nen Interessen dabei pflegen
„Enthaltsamkeit" ist in seinem Wortschatz nicht bekannt
Und die kluge Frau, die dies erkannt
Halte sich allzeit bereit
Eh` er um ne and`re freit
Und wem dies macht keine Umständ
Kann mit ihm lange feiern fröhliche Urständ

Löwinnen

Löwen-Weibchen dagegen
Nicht selten verwegen

---

[51] Noblesse oblige: Adel verpflichtet
[52] (die)Klimax: Höhepunkt

Verströmen großzügig Pheromone [53]
Damit sich der Kavalier nicht schone
Um all seine Kraft
In die Leidenschaft

Mit dieser Holden hineinzulegen
Und notfalls mit seinem Degen
Den Nebenbuhler vom Feld zu fegen

Auch die Löwin ist eine Königin und trägt 'ne Krone
Wünscht königliche Behandlung und ist nicht ohne
Braucht 'ne Bühne und Applaus
Und, wo dieser bleibt aus
Führt sie ein Regiment mit scharfer Pranke
Und erwartet ein „Danke"

Starke Männer werden von ihr gemieden
Weil jeder dominieren will gibt`s keinen Frieden

Ein kleines Lob zur rechten Zeit
Und die Löwin ist bereit
Den Laden ihres Chefs allein zu schmeißen
Um sich dann wohl verdiente Freiheiten zu beißen
Ist sie selber erst ganz oben
Muss manse zwar auch noch loben
Aber sie vermag auch selbst dem Knecht
Der macht ihr alles recht
Anerkennung zu zollen
Denn das bringt Motivation ins Rollen
Sie ist streng und gerecht
So eine Chefin ist nicht schlecht

Schlecht ist`s dagegen um ihr Gemüt bestellt
Wenn sich 'ne Pleite einstellt
Denn bedürftig zu sein ist ihr durchaus

---

[53] Pheromon, Duftstoff, der von Tieren produziert wird und das Verhalten anderer Tiere beeinflusst. Die Wirkungsweise von Pheromonen ist vergleichbar mit der anderer Hormone innerhalb des Körpers, wobei spezifische chemische Signale von einer Zellgruppe zur nächsten gesandt werden, um bestimmte Reaktionen anzuregen. Pheromone sind wahrscheinlich die älteste Form tierischer Kommunikation. Die primitive einzellige Amöbe Dictyostelium z. B. benutzt ein bestimmtes Pheromon, um Artgenossen zur Fortpflanzung anzulocken.

Ein gar fürchterbares Graus`
Drum besser wär`s sie wäre
Im Club der Millionäre

Doch wo ihr dieses Glück nicht ward zuteil
Da suchtse halt ihr Heil
Mit Charme, Intuition und Wonne
Sich selbst zu setzen an die Sonne
Dort ist ihr Platz, da willse hin
Bei der Löwin ist das drin

Königlich ist Haltung und Gang
Jeden zu beherrschen ihr Drang
Wennse geht, ist es ein vornehmes Schreiten
Wennse mit jemand` spricht - das ist nicht zu bestreiten
Hat`s für den and´ren die Qualität einer Audienz
Mit einer wunderbaren Eminenz
Die von Grund auf schön ist – und dies nach außen strahlt
Mancher hatse schon gemalt

Werse bloßstellt, hat nichts zu lachen
Sie merkt sich`s und irgendwann läßtses krachen
Gern schmücktse sich mit leuchtendem Geschmeide
Und steht deshalb bei manchem an der Kreide
Ihre Ausstrahlung ist herablassend-freundlich zuweilen
Doch wer dies mag als Arroganz beurteilen
Vergisst ihr königliches Geblüt, wozu gehören
Brillis und `ne huldvolle Haltung, die betören

Wennse jemandem ihr Öhrchen leiht
Ist dies kein Freibrief für freies Geleit
Sie testet bloß, inwieweit
Jener ist bereit
Ihr Respekt zu zollen
Und wie weit er wohl mag gehen wollen

Und wenn ihre Liebe erst entbrannt
Dann istse treu wie Gold, das ist bekannt
Gold, mit dem sie sich gerne schmückt
Das ihr Herz beglückt

Nie gibt sie den Anlass zu einem Scheitern
Und wo der Mann begehrt zu erweitern

Seinen Kreis der Damen
Sagste halt Ex und Amen!

Wer davon träumt
Dass die Frau ihm aus der Hand frisst und vor Liebe schäumt
Der muss schon was Edles in die Hand rein legen
Sonst lässtse sich zu nichts bewegen

Für den Kandidaten ist es nicht leicht
Viel Zeit dabei verstreicht
Sie will den Favoriten verführen
Aber anfangs kaum den Finger rühren
Sie gefällt sich darin, die Lust aufquellen zu erleben
Bevor sie vor Leidenschaft mag beben

Wem sie das Eheversprechen gibt
Und von Herzen liebt
Kann sich glücklich
schätzen
Und sein Zepter wetzen
Denn er hat alle Tests bestanden
Und konnt` so bei der Königin landen

Ergebnis

Zusammengefasst kann man nicht klagen
Und in zwei Zeilen ist zu sagen:
Der Löwe ist schon so`n Brüller
`ne Augenweide, ein absoluter Knüller

Jungfrau

Wird die Jungfrau gebor'n, geht's mit dem Sommer zuend'
Und auf dem bäuerlichen Geländ'
Seh'n die letzten Früchte ihrer Ernte entgegen
Und die Jungfrau ihrem Segen

Sie wird mit diversen Göttinnen der Mythologie [54]
In Verbindung gebracht, eine besond're Akribie [55]
Zeichnet sie aus
Dafür schon mal Applaus

Das kleinste Malheur[56] wird schon im Ansatz erkannt
Und: verbannt

Merkur [57] beherrscht dieses Zeichen
Und wo sich Fehler einschleichen
Wird er böse, drum er ihren Geist
Mit Spezialwerkzeug schärft, und zumeist
Wirkt sich das aus, so wird sie in Bausch und Bogen
Zur Problemlösung and'ren vorgezogen

Sie ist neugierig und forscht vergnügt
Was die Welt im Innersten zusammenfügt
Schließlich wird sie von Merkur als Gott der Weisheit geführt
Damit sie sich ja rührt
Bei jedem neuen Reiz fragt ihr Forschergeist
Was dieser wohl verheißt
Kann sie ihn für ihr Leben verwenden
Oder mag der Reiz hier enden

Als Verkörperung von Wissen wird von ihr jedes Buch
Befreit vom Staub mit einem Tuch
Mag im Übrigen ihr Haushalt auch verkommen

---

[54] die Gesamtheit der überlieferten Mythen, Urglaube eines Volkes
[55] große Genauigkeit, äußerste Sorgfalt, Gründlichkeit
[56] Malheur: Missgeschick
[57] Merkur (Planet), der sonnennächste Planet. Der mittlere Abstand des Merkurs zur Sonne liegt bei rund 58 Millionen Kilometern. Der Merkur war trotz seiner geringen Entfernung zur Sonne und seiner geringen Größe (Durchmesser 4 875 Kilometer) bereits im Altertum bekannt. Der Planet wurde von den Griechen nach dem Götterboten Hermes (bei den Römern Merkur) benannt, da er von allen bekannten Planeten am schnellsten die Sonne umkreist. Gemeinsam mit Venus, Erde und Mars wird der Merkur zur Gruppe der erdartigen Planeten gezählt. Microsoft ® Encarta

Niemand ist vollkommen

Das Leben auf einer Wolke ist nicht Ziel ihres Strebens
Der Sinn ihres Lebens
Lieber sie gleich auf der Erde bleibt
Wohin es ohn`hin jeden aus der Wolke treibt
Zudem kann man auch in beratender Funktion
Unterwegs sein in mächtiger Mission
Dabei woll`n wir auch nicht vergessen
Dass Merkur auch von Lug und Trug besessen
Und etwas darzustellen in der Lage ist
Das sich gern mit Superlativen misst

Das erdgebund`ne Leben ist freilich mit dem Nachteil verbunden
Dass schöpferisches Streben als unsicher wird empfunden
So mögen Qualitäten in kleiner Position
Nach kurzer Zeit verkümmern schon
Und käm`da nicht von ungefähr
Ein ordentlich` Salär [58]
Was blieb` ihr da auf dieser Welt
So ohne Anerkennung und ohne Geld

Wissbegier ist aber günstiger – welch` Glück
Als zu besitzen das teure Stück
Sie muss den Porsche nicht fahren
Ihr geht`s drum zu erfahren
Warum der Keilriemen sich dreht
Und ist froh, wenn sie`s versteht
Rituale gilt es einzuhalten
Um schwarze Konturen im Zaum zu halten
So zum Beispiel die blauen Hemden morgens um 8
einmal umzudreh`n
Und hysterisch zu werden, muss sie seh`n
Wie ein schwarzes liegt auf `nem blauen
So kann man sich die Laune auch versauen

Ihr „Nein" will ihre Empfindlichkeit schützen
Und ihr Geiz mag nützen
Ihre eigene Ausgefallenheit zu verdecken

---

[58] Salär: Gehalt

Ihr Realitätsstreben mag bezwecken
Nicht in seelische Abgründe abzugleiten
Um auf wilden Gäulen zu reiten

Jeder Cent wird mehrfach umgedreht
Weil sie sich fragt, wie`s anders geht
Man pumpe sie nicht an um Geld
Es sei denn, sie weiß, dass sie`s zurückerhält
Bettlern hilft sie aus mit einem Spott
Hilf Dir selbst, dann hilft Dir Gott
Dabei hatse nur Angst, selbst so zu werden
Mit Almosen ist überdies niemand zu erden

Jeder soll selbst für sich sorgen
Und sich nicht ständig etwas borgen

Dort, wo sie aber Talent sich entwickeln sieht
Da es schon mal geschieht
Dass sie mit Zaster
Hilft diesem aus einem Desaster

Risiken sind zu vermeiden
Da lebt se lieber bescheiden
Wegen ihrer Sparsamkeit kommt sie wen`ger in Ekuador
Als vielmehr im Schwabenländle vor
Ihr tiefes Gefühl wird von `nem scharfen Verstand im
Zaum gehalten
Denn vom Gefühl allein kann man kein Häusle gestalten

Die Jungfrau steht aber auch im Bann
Von Mutter Erde und kann
Als Erd verbund`nes Wesen
Rechnen, schreiben und lesen
Ist realistisch und geschickt
Bekommt alles geregelt, seien die Sachverhalte auch verzwickt
Sensibel ist sie, solide auch
Und so mancher Strauch-
Dieb und Betrüger, mag seine Haare raufen
Wenn er versucht, sie für dumm zu verkaufen

Nichts ist für sie schwarz oder weiß
Säugling oder Greis
Das wäre für sie nun wirklich zu banal

Da sie so differenziert ist, gibt es für sie allemal
Mannigfache Abstufungen dazwischen
Und an diesen kann sich die Jungfrau sehr erfrischen
Das Universum ist für sie recht komplex gestrickt
Und sie unterscheidet geschickt
Dabei hält sie an den realen Formen fest
Und spielt nicht mit ihrer Fantasie Wildwest
Sie lebt nicht wie so manch and`rer Stern
In einer Traumwelt, sie hat es gern
Nach dem nächst Möglichen zu greifen
Und an realistischen Zielen zu reifen
Rosarote Farben sind ihr suspekt
Sie schwebt nicht, sie steht! - Respekt!

Sie zieht die Ordnung dem Chaos vor
Statt sich in der Abwehr zu verzetteln schiesstse lieber `nen Tor
Auch die Fürsorge hatse sich auf die Fahne geschrieben
Kümmert sich rührend um ihre Lieben
Ist geduldig und hilfsbereit
Ihr Ohr ist für and`re geöffnet recht weit

Sie ackert wie`n Gaul, ihre Ziele sind hochgesteckt
Bei keinem Chef sie damit aneckt

Ärger frisst se eher in sich hinein und strebt an
Diesen durch übertrieb`ne Dinge loszuwerden – irgendwann
Der Verdauungstrakt rächt sich auf seine Weise
Und lässt entfleuchen so manchen Ton – zunächst - ganz leise

Als Beruf kommt ihnen der des Journalisten sehr gelegen
Weil sie in diesem sehr verwegen
Die Fehler der and`ren aufzeigen können
Selbst wenn sie dabei spönnen

So manche Jungfrau lebt gern erst mal allein
Weil sie erfahren mag, sie selbst zu sein
Und hat sie selbst Gefallen an sich gefunden
Mag auch die Gesellschaft ihre Vorzüge erkunden

Wunder Punkt

Da sie sehr akribisch [59] sind
Ist es, wie ich find`
Auch kein Wunder, dass kritische Worte
Über eine scharfe Zunge strömen aus der Wortespforte
Es ist oft nicht leicht auf Erden
Ihren Ansprüchen gerecht zu werden
Weil sie dazu neigen
Mit der Anspruchslatte recht hoch zu steigen
Und obendrein lassense dabei auch noch Diplomatie vermissen
So dass der Gescholt`ne fühlt sich rechtschaffen beschissen

Wer ständig Lektionen empfängt
Fühlt sich recht eingezwängt
Wie in einem kleinen Käfig
Der Kreativität nicht g`rade dienlich
Das Selbstvertrauen der and`ren geht langsam zugrunde
Und er selbst vor die Hunde

Dass Irren menschlich ist
Die Jungfrau leider viel zu oft vergisst
Weder gesteht sie sich selbst Fehler zu
Noch läßtse and`re damit in Ruh`

Das große Unbekannte ist ihr nicht geheuer
Ergo auch kein Abenteuer
Überall lauern Gefahren
Und es gilt zu bewahren
Die Eigentlichkeit
Das ist gescheit
Neuerungen spricht sie den Nutzen ab
Und kritisiert den Urheber – nicht zu knapp

Wo zu viele Enttäuschungen ihr auf der Seele liegen
Wo Realität und Probleme zu schwer wiegen
Und Glaube und Zuversicht für zu leicht befunden werden
Hatse Beschwerden

---

[59] Akribisch: äußerst genau, sorgfältig, gründlich

Dort besteht die Gefahr, dass ihr Talent
Führt fortan ein sonderlich` Regiment
Das nur noch geschäftliche Gleichungen aufstellt
Und ihr nur noch der Profit gefällt
In solchen Fällen steht das Rendezvous erst dann
Wenn das Bankkonto gefallen kann

Heilsam wär`s für sie auf jeden Fall
Zu erkennen, dass überall
Aus menschlicher Unzulänglichkeit heraus Fehler entsteh`n
Die so beseh`n
Sich zwangsläufig einstellen müssen
Selbst beim Küssen
Und dass manch` Versagen im Raume stehen bleiben kann
Weil es nichts ändert am Wert von Frau und Mann

Eltern

Mit Zucht und Ordnung wächst ihr Nachwuchs auf
Spurt er nicht, bekommt er eins d`rauf
Pünktlich um 1 wird gegessen
Wer zu spät kommt, kann`s Essen vergessen
Dann sind Hausaufgaben zu erledigen, das Zimmer aufzuräumen
Erst dann kann der Zögling von Freizeit träumen
Ihren Kindern wicht`ge Dinge beizubringen
Ist für sie ein erforderliches Ringen
Wo die Kleinen dies ohn` Schaden übersteh`n
Haben die and`ren oft das Nachseh`n

Liebe

Jungfrau`n sind `ne scheue Pflanze
Scheu`n selbst die Wahl vor jedem Tanze
Weil se sich selbst so ohn` Tadel finden
Meinen se, ihr Wert möge schwinden
Wenn and`re doch `nen Makel an ihnen entdecken
Und so Selbstzweifel wecken

Um den Kummer der Ablehnung nicht verkraften zu müssen
Geh`n se sich lieber verpissen
Und sollte ihr doch jemand gefallen
Stellt sie ihm auch noch Fallen
In denen sie sich selbst verfängt

Wenn sich der Int`ressent nicht zuvor erhängt

Da sie das Unbekannte fürchten und Bücher lieben
Ist es nicht übertrieben
Zu behaupten, sie suchten nach einem Plan
Für Liebe und Sex, der gibt genau an
In welchen Schritten vorzugehen wäre
Damit sich der and`re nicht beschwere

Auf ein hübsches Gesicht fällt se nicht so leicht rein
Für sie zählt das Sein, nicht bloßer Schein
Und um das Sein erst mal zu ergründen
Vergeh`n freilich Stünden
Und dann sucht se nach `nem gemeinsamen Nenner
Den se nicht findet bei irgend`nem Penner
Gefühl und Sex genügen mitnichten
Auf Geistesverwandtschaft ist nicht zu verzichten

Zu lieben gesteht sie sich schon ein
Nur will dies harmonisch eingefädelt sein
Am Ende wird sie den Zuverlässigen wählen
Schillernde Qualitäten nicht zählen
Für sie gilt, was nützlich, sicher ist und gut einzuschätzen
Sonst kann man sich seelisch leicht verletzen
Gern verliert sie sich im Speziellen
Statt den Blick dafür zu erhellen
Was im Leben wesentlich ist
Dies sie leider oft vergisst
Ein Schiff muss irgendwann die Werft verlassen
Sonst wird es die Aufträge verpassen

Kurioserweise ist sie so konstruiert
Dass das, vor dem sie sich im Leben ziert
In der Liebe am meisten ihr Interesse weckt
Und sie sich dort neue Ziele steckt

Feuriges Chaos und intuitive Fantasie
Draufgängertum und Piraterie
Wenn sie solchen Typen ins Antlitz schaut
Das unterdrückte Kind in ihr sich traut
Sich zu erfrechen
Mit den eig`nen Grundsätzen zu brechen

Träumt davon, sich mit dem Piraten zu binden
Mit ihm auf seine Insel zu verschwinden
Vor keiner Ausschweifung zu kneifen
Und auf ihre Erziehung zu pfeifen
Die so geartet, dass Spielen ganz am Ende der Aufgabenliste steht
Was man beim besten Willen nicht versteht
Sie ist also durchaus geneigt
Dem Streben, das in ihr selbst schweigt
Und sie sich versagt, im Partner hoch zu loben
Und schon mag in ihr toben
Leichtfertigkeit und riskantes Streben
Garanten für aufregendes Leben
Die Jungfrau mag sich so befeuern lassen
Von Dingen, die sie sollt` hassen
Um so die Waagschale ins Lot zu bringen
Ein lebenslanges Ringen

Oder sie versteigt sich d`rauf, Pygmalion[60] zu spielen
Indem sie den zwar ungeschliffenen Piraten mag lieben
Aber ihn zu bearbeiten beginnt
Und dieser dann irgendwann spinnt
Und sich auf diese Weis` befreit
Dass er Feuer speit

Das Leben mit einem and`ren Erdzeichen
Mag zwar riskantes Leben streichen
Doch fehlt hier der Reiz des Lebens
Der Sinn jedweden Strebens

Und würd` se sich ein wenig mehr Spaß erlauben
Würden Gedanken nicht so ihren Schlaf berauben

---

[60] Pygmalion: in der griechischen Mythologie König von Zypern, der ein begabter Bildhauer war. Da keine Frau seinen hohen Ansprüchen genügte, schuf er aus Elfenbein nach seinen Idealvorstellungen ein Mädchenbildnis, in das er sich schließlich verliebte. In seiner Verzweiflung flehte er zu der Liebesgöttin Aphrodite, der Statue Leben einzuhauchen, die ihn schließlich erhörte. Der Name Galatea, den Pygmalion ihr gegeben haben soll, ist in der Antike noch nicht überliefert. Pygmalion nahm das Mädchen zur Frau, und sie gebar ihm eine Tochter mit dem Namen Paphos, nach der der berühmte Aphroditekultort an der Westküste Zyperns benannt wurde.
Microsoft ® Encarta ® Enzyklopädie

Wegen der Fallen und sonstigen Eigenheiten
Vergeh`n schon geraume Zeiten
Bis man vom Amorpfeil getroffen
Und hinsinkt von Liebe besoffen
Doch wehe dem, der ihr Herz konnt` gewinnen
Für den gibt`s kein Entrinnen.

Herrliche Jungfrauen

Wenn der Jungmann gestylt aus seinem blitzsaub`ren Wagen steigt
Ist die Dame leicht geneigt
Diese Umständ` mit ihrer Person zu verbinden
Doch täuscht sich hier ihr Empfinden
G`rad, weil der Jungmann mag nicht imponieren
Wollense ihn verführen

Er geht davon aus, dass die Dame
Auf ihn zugeht und dabei nicht erlahme

Seine Reserviertheit lässt manche Stirne runzeln
Und es ist irgendwann nicht mehr zum Schmunzeln
Wenn er vor dem Begrüßungskuss
Noch Hut und Mantel richten muss
Erst die Ordnung, dann das Gemüt
Ärgert feminines Heißgeblüt

Der Dame Sinn für den Humor
Trete nur recht oft hervor
Nur so ist seine Verschlossenheit zu ertragen
Geht sie ihm nicht an den Kragen
Fliegen keine Tassen
Die leeren zunehmend die Kassen
Sein Ohr ist offen für rational vorgebrachte Kritik
Verschlossen für emotionale Taschentuch-Musik
Tränen vermögen sein Herz nicht zu erweichen
Aber sich in Trab zu setzen, sich fort zu schleichen

Die Frau, der es gelegentlich gelingt
Ihn von der Arbeit zu entpflichten, für die springt
Gute Laune heraus bei dem schwierigen Mann
Wenn er das Sonnenbad auch genießen kann

Weniger bekömmlich ist Kummer, den er nicht vergisst
Weil er ihn munter in sich runterfrißt
Emotionen sind ihm ein Greuel
Potenzieren sich zu einem Knäuel
Das nur Chirurg oder Psychiater lösen kann
Armer Mann

Für einen Fels in der Brandung eignet er sich nicht
Weil er einfach und schlicht
Selbst zu sehr im Fluss ist und wandelbar
Zuwenig Gibraltar [61]
Zu sehr anfechtbar

Wer aber seinen Geist, seine Einsamkeit und Sensibilität liebt
Den der Jungmann siebt
Aus und beglückwünscht ihn in den Kreisen
Der Edlen und Weisen
Und besiegelt diese Ehre mit `nem Kuss
Der, na gut, auch mal sein muss
Ein solches Paar wird die Liebe immer wieder befeuern
Und wechselseitig zum Gelingen beisteuern

Der Flirt, der witzig und geistreich eingefädelt
Ihn leicht benebelt
Er selbst wagt selten den ersten Schritt
Und kommt dennoch auf `nen guten Schnitt
Auch in Sachen Sex hält der Jungmann auf Etikette
Und landet nicht mit jeder im Bette
Auch wenn sie`s gerne hätte
Zunächst muss er sie nämlich kritisch analysier`n
Testen und studier`n
Bevor er mag mehr von ihr probier`n

Und wenn er ihr dabei Schattenseiten nannte

---

[61] Gibraltar, britische Kronkolonie im Süden der Iberischen Halbinsel. Der Felsen von Gibraltar, ein Kalkfelsklotz, liegt am westlichen Ende des Mittelmeeres. Die Straße von Gibraltar trennt Gibraltar von der Küste Nordafrikas. Der Felsen ist mit dem spanischen Festland über einen flachen, circa 800 Meter breiten Schwemmlandstreifen verbunden. Auf diesem liegt auch eine neutrale Zone, die das britische Gebiet von Spanien trennt. Die Fläche Gibraltars umfasst 6,5 Quadratkilometer. Der Felsen von Gibraltar und der Berg Abyle, der in Ceuta liegt, bildeten in der Antike die Säulen des Herkules. **Microsoft ® Encarta ® Enzyklopädie**

Die sie selbst noch nicht kannte
Stellt sie diese entweder ab
Oder setzt sich in Trapp
Zu anderen Ufern

Für den Jungmann ist`s kaum zu versteh`n
Wie es kann geh`n
Dass sie die Milch für `nen Euro im Feinkostladen
Kauft, obwohl sie se kann haben
Nebenan zum halben Preis
So ärgert man sich schnell zum Greis`
Und bricht die Gescholt`ne in Tränen aus
Reicht er ihr `nen Tempo und schleicht hinaus

Auch beim Sex pflegt er gewisse Formen
Nichts Außergewöhnliches, innerhalb der Normen
Neue Praktiken nimmt er gerne an
Fragt nicht nach dem Mann
Von dem sie dieses weiß
Vergang`nes macht ihn nicht heiß
Und hat er erst mal „ja" gesagt
Er nicht verzagt
Und öffnet neben seinem Geist auch sein Herz
Das ist kein Scherz

Weibliche Jungfrauen

Jungfrauen sind von dem Bedürfnis getragen
Stets ihre Meinung zu sagen
Und sei es auch nur in Gestalt von Klatsch über dit und dat
Was dieser nicht kann und jener hat

Es ist schließlich alles von jeder Seite zu betrachten
Derweil die Zuhörer nach einem Ende schmachten
Bis diese schließlich, nah` dem Wahnsinn
Laufen schreiend fort, irgendwohin

Und sind and`re am Erzählen
Werdense diesen quälen
Mit Fragen nach den Quellen
Fußnoten und Fundstellen
Schließlich kann man nicht alles so kritiklos abnehmen
Was and`re erzählen aus ihrem Leben

Zum Erfolg sie führt, was sie in Angriff nimmt
Was sie berechnet, stimmt
Wenn sie in dem Ergebnis einen Nutzen sieht
Ist verblüffend, was geschieht
Wo der gereifte Mann dafür Worte der Anerkennung findet
Ihre Zurückhaltung schwindet
Das Eis schmilzt und das Schmelzwasser mag so überschäumend
fließen
Dass überall Flora [62] mag sprießen

Zuneigung kannse oft nur so offenbaren
Dass sie beliefert ihn mit köstlichen Waren

Und indem sich dieser darüber freut
Hofft se, dass sich Freude und Liebe zu ihr vertäut
Und er nicht stumpf darüber ergräut

Nichts entgeht ihren Augen, den wachen
Unordentliche Sachen
Abgetret`ne Sohlen, ungebügelte Hemden
Der Charme von ungewasch`nen Händen
Ungeschliff`ne Worte am falschen Platze
Statt `nem Bett` ne Luftmatratze
Ein Zucken im rechten äuß`ren Zeh`
Au weh`
In kleinen Fehlern offenbart sich des Menschen Geist
Und fürs Große nichts Gutes verheißt

Es ist ein Irrtum, wenn man glaubt
Sie wünsche nicht, dass man ihr raubt
Eines schönen Tages ihre Unschuld
Auch die Jungfrau hat nicht soviel Geduld
Mit dem Politiker im Wahlfieber hat sie gemein
Dass auch dieser ganz fein
Moralische Grundsätze aufzustellen vermag
Doch es kommt der Tag
Diese zu füllen mit Leben
Wo der Politiker kneift, benimmt sich die Jungfrau nicht daneben

---

[62] 'Flora : Pflanzenwelt e-s Gebietes

Eben!

Keinesfalls ist sie prüde
Sie wird nur schnell müde
Von geistlos vorgetrag`nen Anmachen ohn`Gehalt
Hinfort mit so einer Gestalt!
Ganz im Geigentil: Sie hat`s hinter den Ohren: faustdick
Und beim richt`gen Klick
Wird sie sich nicht scheuen
Er mag sich freuen
Sie ist kaum zu verführen
Es sei denn, sie würde selbst schüren
Das Feuer im Erwählten
Um das sich and`re zuvor vergebens quälten

Wenn sie lacht
Steh`n die Männer im Verdacht
Zu vermeinen
Sie könnten sich mit ihr vereinen
Ernst und Würde sind Wegbegleiter
Auf der Suche nach dem Schimmelreiter
Auch wirdse sich nicht verkleiden wie `nen Weihnachtsbaum
Für das Rendez-Vouz mit dem Herrn aus ihrem Traum
Kosmetik ist für sie nur erfunden
Um kleine Furchen abzurunden
Nicht, um zu befeuern noch ihren Glanz
Das wär` zu viel Extravaganz
Wenn die Jungfrau mehrfach täglich den Sauger quält
Hat sie tragischerweise erwählt
Ihre Schattenseiten und lebt sie aus
Oh Graus
Gepaart mit Zanksucht ein vortrefflich` Gespann
Bei dem kein Mann verweilen kann

Da Jungfrauen Furcht erregend tüchtig
Sind und nach Anerkennung süchtig
Verstehen sie oft nicht
Wieso so`n männlich Wicht
Der selbst im Licht möchte` steh`n
An ihr mag stumpf vorübergeh`n

Ihr Eis schmilzt nur gemach
Doch nach und nach

Wird ihr Eis – nun Wasser - sieden
So sind beide am End` zufrieden

An der Seite des Ersehnten, den sie liebt
Entdeckt sie schnell, dass es was gibt
Das ihr bis dato verschlossen war
Wie Nektar aus Sansibar
Selbst bizarre Wünsche wird sie ihm zu erfüllen nicht versagen
Wenn se sich mit Ästhetik vertragen
Die sicher verletzt ist
Wenn er sich vergisst
Und mit zweifelhaften Gartenlatschen ihren Perser touchiert
Da istse nicht nur indigniert
Und wo zu einem Flitzer statt einem Häusle treibt sein Sinn
Ist ihre Liebe rasch dahin
Der Prinz, der so handelt, ist ohne Verstand
Und wird alsbald verbannt

Ergebnis

Zusammengefasst kann man nicht klagen
Und in zwei Zeilen ist zu sagen:
Wer die Jungfrau liebt in ihrer Akribie
Kräht vergnügt wie ein Hahn: Kikeriki

Waage

Wenn es schon ein bisschen frischer wird auf Erden
Mag die Waage geboren werden
Der Herbst tobt und die Felder
Sorgen geerntet für die Gelder
Lohn für Arb+eit und Fleiß
Ein rechter Preis

Den Rhythmus der Natur vom Ernten und Sä`n
Können die Waagen gut versteh`n
Wie junger Wein
Steh`n sie ständig zwischen Werden und Sein
Tälern und Spitzen
Großen Flächen und Ritzen

Und mit dem Wein
Haben die Waagen gemein
Den Frohsinn, der das Resultat repräsentiert
Wenn man den Wein probiert

Da die Waagschalen mal nach oben, mal nach unten schwanken
Können sie ihr Zaudern dieser Tatsach` verdanken
Als unverbesserliche Optimisten glauben sie fest daran
Dass man am Glück was drehen kann
Der aus dem Optimismus geschleuderte Funke sprüht
Und ist im Nächsten lang bemüht

Luft ist das herrschende Element der Waage
Von der Wiege bis zur Bahre
Die Venus [63] beeinflusst ihre Schalen von oben

---

[63] Venus: in der römischen Mythologie ursprünglich eine Göttin von Gärten und Feldern; später wurde sie mit Aphrodite, der griechischen Göttin der Liebe und Schönheit, gleichgesetzt. Zu Zeiten des Römischen Reichs wurde sie unter verschiedenen Namen verehrt, die ihre Eigenschaften hervorhoben. Sie war mit Vulkan verheiratet, dem sie jedoch oft untreu war. Unter ihren vielen Liebhabern waren Mars, der Kriegsgott, der hübsche Schäfer Adonis und Anchises, der Vater von Aeneas. Zudem galt Venus als Mutter von Amor, dem Gott der Liebe.
Venus (Planet), der von der Sonne ausgehend zweite Planet des Sonnensystems. Neben Sonne und Mond ist die Venus von der Erde aus gesehen das hellste Objekt am Himmel. Sie wird allgemein auch als Morgenstern bezeichnet, wenn sie vor Sonnenaufgang im Osten erscheint, und als Abendstern, wenn sie nach Sonnenuntergang im Westen zu sehen ist. Die Venus kann wegen ihrer Nähe zur Sonne niemals mehr als drei Stunden vor Sonnenaufgang und niemals länger als drei Stunden nach Sonnenuntergang am Himmel sichtbar sein **Microsoft ® Enzyklopädie**

Unermüdlich, das ist zu loben
Wort und Geist sind bei ihnen geschliffen klar
Und als gesellige Menschen sind die Luftigen stets für and`re da

Ausgewogenheit, Ruhe und Symmetrie
Schönheit und Harmonie
Strebt sie an
Und schlichtet, wo sie nur kann
Liederlichkeiten kann sie nicht ertragen
Schlagen auf den Magen

Luft steht ferner für Prinzipien und Ideen
Gedanken über Werden und Vergeh`n
Über Liebe und eine Welt
In der unter`m Himmelszelt
Menschen brüderlich vereint
Kein Zwist aufkeimt

Das Pendeln der Schalen bringt es mit sich
Dass sie vermag gedanklich

Stets beide Seiten zu erkunden
So wird die Lösung gefunden
Doch gibt es natürlich auch Fälle
Da geht sowas nicht auf die Schnelle
Wo nämlich die Waagschalen auf gleicher Höhe steh`n
Vermag sie kein Übergewicht zu seh`n
Drum wirkt sie manchmal recht unentschlossen
Mürrisch und verdrossen
Ein Urteil wird nur gefällt
Wo sich kein Zweifel in den Weg rein stellt

Die Waage vergleicht
Messinstrumente werden geeicht
Sie mustert und unterscheidet
Konfrontation vermeidet
Sie erbst und zählt
Ihr Naturell sie dazu quält
Prüft Übereinstimmung von Porsche und VW
Oh je
Sie feilt solange an einer Sach` herum
Bis gerade wird, was einst war krumm

Über feindliche Gegensätze
Streut sie Sand und Netze
Sodass der Löwe – beseelt mit Schlaf
Denkt, er sei ein Schaf
Und die Frage ist dann
Wie man diesen Irrtum erhalten kann

Immer wieder wird sie damit konfrontiert
Dass dieser Zauber nicht funktioniert
Jedenfalls nicht ganz
Denn zieht sie am End` Bilanz
Kommt sie zum Resultat
Dass sie die Welt verbessert hat
Dass sie einen Ort gefunden
An dem sie an weltliche Regeln nicht gebunden

Die Waage benötigt Ziele
Damit ihr nicht entfiele
Die für den Fortschritt nötige Motivation
Auf dem Weg zu ihrem Thron
Stets hatse irgendwas auf dem Zettel
Und sei`s bloß irgendein Gebettel
Für Dinge, die schön sind und fehlen
Notfalls gehtse stehlen
Am Ende bekommtse immer, wasse will
Ob ein Auto, ein Haus ober bloß `nen Grill
Stets geht sie diplomatisch vor
Mit Intellekt und notfalls mit Humor
Und erweckt den Eindruck
Dass der für den Erfolg nötige Ruck
Aus dem Sack des and`ren schlüpfte
Und zielsicher-genial hüpfte
Ohne Schmu
Auf des Zieles Auge zu
Durch das Vermitteln von Wir-Gefühlen
Sitzt der and`re rasch zwischen zwei Stühlen
Und frisst der Waage aus der Hand
Im herrschaftlichen Gewand

Sie ist begabt auf eine Weise
Dass sie and`re schickt auf eine Reise
Für ihre ureig`nen Pläne
Es fliesst kaum mal `ne Träne

Auch sind Kränkungen selten auszusprechen
Oder Mitleid zu erheischen mit Gebrechen
Viel edler ist es auch zumeist
Hofiert zu werden als dreist
Von ungehobelten Klötzen seine Schätze
Zertreten zu lassen mit Geschwätze`

Die Akzeptanz des eig`nen Gefühls ist nicht leicht
Wo dieses von der Norm, vom Schönen weicht
Fühlt sie sich schuldig wegen hässlicher Sachen
Die ihre Seele besetzen und über sie lachen

Während sie auf der einen Seite
Als Kluge und Gescheite
Ein großer Freund der Wahrheit ist
Wird diese auf der Gefühlseb`ne zuweilen vermisst
Doch geschieht dies ohn` Absicht und mag nützen
Um sich selbst zu schützen
Vor den Stürmen der Realität
Bei denen sie leicht in Seenot gerät
Wo Stürme oder widrige Winde
Nagen an des Mastes Rinde
Bedarf sie der Solidarität
Mit einer andersgeschlechtlichen Majestät
Der sie in Schutzfolie einschweißt
Und den Feind allein verspeist

Die Waage ist gar nicht so schrill
Sie muss nicht bekommen, was sie will
Wenn wenigstens Gesellschaft ohne Streit gesichert ist
Sie niedere Ego-Erfolge nicht vermisst

Was sie in Gesprächen von sich gibt, spontan, ohn` zu überlegen
Ist nicht auf die Gold-Waage zu legen
Im stillen Kämmerlein wägt sie ab - im Nachhinein
Die Lösung ist ausgewogen, nicht gemein

Wem es selbst schwer fällt, sich zu entscheiden
Sollte die Waage unbedingt meiden
Es ist kein feiner Zug, an sie dies` Ansinnen zu stellen
Die unbequeme Entscheidung mag ein and`rer fällen
Ihr Ziel ist der Kompromiss
Hat dieser auch noch so`n großen Riss

Extreme Standpunkte sind ihr zuwider
Sie beschmutzen ihr weißes Gefieder
Am liebsten zieht sie mit ander`n an einem Strang
Schön wär` dazu: lieblich` Gesang

Was sagen die ander`n zu dieser Politik
Die provoziert Kritik?
Während die einen vom Charme der Waage überwältigt sind
Denken die and`ren: die spinnt
Dies` verräterische Spiel
Ist ihnen weiß Gott zu viel

Ihr Geheimnis des Lebens liegt in der Erkenntnis
Dass es durchaus möglich is`
Zu wachsen und sich zu verbessern
Um später zu schöpfen aus vollen Fässern
Und nur, wenn sie selbst für sich den
Kompromiss gefunden hat
Verkörpert sie ein Protektorat[64]
Welches auch den and`ren das Schöne vermitteln kann
Wie ein Weihnachtsgeschenk unter der Tann`
Als guter Zuhörer ist sie sehr begehrt
Und es ist sicher nicht verkehrt
Einen solchen zum Partner zu wählen
Bevor man mag sich quälen
Mit vorlauten Output-Enthusiasten
Die sich ausleben zulasten
Der Kleinen
Und auch noch vermeinen
Die Natur hätt`s so gewollt
Auch wenn da einer schmollt

Bei Feiern zeigt sich die Waage
Und auch bei jedem frommen Gelage
Als kommunikativer Geselle
Der stets aus heißer Quelle
Int`ressantes mitzuteilen versteht
Bei dem rasch die Zeit vergeht

---

[64] Protektorat : 1 unter der Schirmherrschaft e-s anderen Staates stehendes Gebiet 2 Schirmherrschaft

Beruf

Das Abwägen konträrer Ansichten
Erfordert 'nen Richter zum Schlichten
D'rum ist die Waage fürs Richteramt prädestiniert
Aber auch für and're juristische Berufe favorisiert
Ferner, wo Einfühlungsvermögen und Diplomatie
Bestimmen die Regie
Auch der schönen Künste Welt
Ist für die Waage ein vortrefflich' Feld
Auf dem sie sich erfolgreich mit Laune und Lust
Wohlfühlt in ihrer Brust

Wettbewerb und ein vergiftetes Arbeitsklima
Findetse nicht prima
Auch harte Arbeit muss nicht sein
Da stellt sie sich leicht selbst ein Bein
Als Kaufmann ist die Waage fehl am Platze
Wegen ihrer Gutmütigkeit hatse
Bald zu kämpfen mit roten Zahlen
Damit ist nicht zu prahlen
D'rum sind solch' Lagen und Berufe zu meiden
Willse nicht leiden

Manch' Unangenehmes schiebtse gern
Auf und hofft auf einen Stern
Der für sie knackt die Nuss
Bekommt dafür vielleicht 'nen Kuss
Und wo kein Stern und kein Kollege zu finden ist
Fliegt Unerledigtes auf den Mist
Denn was solange unbemerkt vor sich hin gegoren
Stinkt, ist unwichtig und hat dies Schicksal herauf beschworen

Dennoch geh'nse beruflich ihren Weg
Finden immer wieder einen Steg
Wo sie Kraft schöpfen und Ideen wälzen
Die sich dann im Erfolg verschmelzen
Diplomatie fördert dieses Ziel
Steckt ihnen im Blut und kostet nicht viel
Einfühlungsvermögen trägt dazu bei
Gebührenfrei

Auch Anerkennung braucht die Waage
Und so ist`s keine Frage
Dass kurzzeitiger Arbeitseifer ist zu seh`n
Und die Kollegen in ihm ein Vorbild versteh`n
So wird, was fehlende Autorität blockiert
Durch die and`ren Werte kaschiert
Als Chef umgibt sich die Waage gern mit Leuten
Die vermögen gewisse Zeichen zu deuten
Die, man kann`s schon ahnen
Endlich den Weg für die Entscheidung bahnen
Und hat sich sein Rat als falsch erwiesen
Tadelt er diesen
Doch auf der anderen Seit`
Ist er zu einem Lob bereit
Wer ihn nachhaltig unterstützt
Ihn ehrt und ihm nützt
Dem fällt er notfalls
Um den Hals

Finanzen

Shoppen ist ihr Steckenpferd
Gefällt mehr als Arbeit am tristen Herd
Erlesen und edel ihr Geschmack
Wollen `ne Yacht und kein Wrack
Voraussetzung für`n Erwerb edler Waren
Ist Sparen
Oder auf Einflussreiche
Und Scheiche zuzugeh`n
Das fördert rasch ihr Wohlergeh`n
Oder ein einträglich` Salär
Dann fällt Einkaufen nicht schwer
Jedenfalls sindse Meister der Entfaltung
Verwaltung und Erhaltung
Der Mücken
Und jauchzen vor Entzücken
Wenn sich das Vermögen mehrt
Obwohl se unbeschwert
Geld ausgeben nach Belieben
Und frönen ihren Trieben

Gesundheit

Der Schlüssel zur Gesundheit ist Harmonie
Die
Am ehesten zu erwarten ist
Wenn man nicht vergisst
Dass ein gesunder Geist in einem gesunden Körper wohnt
Quält sich der Körper, wird auch der Geist belohnt
Nicht zu wenig und nicht zu viel
Nicht zu langsam und nicht zu schnell das Spiel
Dieses ausgeklügelte System
Lässt die Waage leben recht bequem
Und gesund dazu
Kikeridu

Wunder Punkt

Äußerlichkeiten vermögen sie leicht zu blenden
Ihren Blick anzuziehen oder zu wenden
Oh`n zuvor den Mensch` auf Herz und Nier`n
Zu studier`n
Ihre Affinität [65] zum Unentschieden nach zähem Ringen
Kann einen auf die Palme bringen
Konflikte werden wie vom Teufel das Weihwasser gemieden
So enden diese oft unentschieden
Die Scherben vom Ringen mögen and`re klauben
Und sie nicht der Ruhe berauben
Nur wo`s nötig ist, kommtse in Wallung
Rührt sich, setzt an zum Sprung
Und wo`s nicht Not tut
Schontse sich – und gut
Gern lassen se and`re für sich schwitzen
Um selbst zur Siegerehrung zu flitzen
Sie rühmen sich mit Dingen
Für die and`re mussten mit dem Teufel ringen

In erster Linie träumt die Waage davon, Bewunderung zu ernten
Dafür reist sie mit Eifer notfalls nach Kärnten
Sie nutzt andere als Spiegel
In dem sie sich natürlich nicht erkennt als Igel

---

[65] Neigung

Sondern als persona grata[66] mit Werten
Zugehörig zum Kreis jedweder Experten
Er soll ihr ihre Schönheit spiegeln
Und damit Frohsinn besiegeln
Wo aber die Waage mit sich selbst im Reinen ist
Werden die Bewunderer nicht vermisst

Sie versteht die Kunst und dieser gilt ihr Mühen
Liebliche Dünste zu versprühen
Und steckt der and`re erst mal mit dem Kopf in der Schlinge
Gibt`s für die Waage wicht`gere Dinge
Da, wo der Hofierte zu große Begeisterung zeigt
Ist sie recht bald abgeneigt
In diesem Spiel von Macht und Liebe
Zeigt sich die Waage als Herr der Diebe
Von Herzen und Gefühlen
Die im and`ren noch lange wühlen
Ihre Schattenseiten sind ihr nicht bewusst
Wüsste sie um diese hätt`se keine Lust
Sich diesen zu stellen
Oder den Schatten zu erhellen
Denn das hieße ja
Dass ein Schatten da
Auf ihren Schalen unredliche Dinge triebe
Das geht nicht, bei aller Liebe
Bei ihr darf es keine Schatten geben
Ergo liegt der Staatsanwalt daneben
Eben
Diese und ähnliche Irrtümer treten bei der Waage
Zuweilen schon mal zutage

Als Eltern

Als Eltern treiben sie`s nicht auf die Spitze
Sind nachgiebig und machen gern Witze
Kutschierense überall hin
Wenn es macht Sinn
Investieren in des Sprösslings` Talente
Und so auch in die eig`ne Rente
Respekt vor Andersartigkeit im Denken und Sein
Flössense ihnen ein

---

[66] Persona grata: willkommene Person

Eher werden Wünsche des Kleinen erfüllt
Bevor dieser sich hüllt
In einen Panzer aus Protest
Spielt Wild-West
Und gibt ihnen so den Rest

Liebe

Die Waage ist von der Idee beseelt
Dass nur die Liebe zählt
Die in einem stilvollen Rahmen
Kann nicht erlahmen
Der gefüllt ist mit Gesten, Blumen und Ritualen
Die leuchten und strahlen

Der Orkus[67] bloßer fleischlicher Lust
Bereitet ihr eher Frust
Wo sie nicht auf Liebe gegründet
Eros [68] nicht zündet

Der Harmonie zuliebe
Dreht sich der Waage` Welt um die Liebe
In der Theorie ist sie ein Meister
In der Praxis scheiden sich die Geister
Viel zu sehr denkt ihre Zentrale
An märchenhafte Ideale
Die nur in der Fantasie und als Kind
Zu verwirklichen sind
Dass mancher denkt: die spinnt

Ihre Ideale harmonieren nicht mit einer Welt
In der Macht zählt und Geld
Enttäuschungen sind so vorgezeichnet
Weil das Harmonieprinzip sich erweist als ungeeignet
Das Unmögliche und der Glaube daran
Hält sie fest in seinen Bann
So taumelt sie von einem Partner zum ander`n
Muss ständig wandern
Wie ein Jäger ist sie auf der Pirsch
Nach dem edlen, wahren, prächt`gen Hirsch

---

[67] Orkus: Unterwelt, Abgrund
[68] Eros: Wollust, Gier, Sinnenlust

In Sachen Liebe
Ist manchmal Sand im Getriebe
Hat sie doch oft die Qual der Wahl
Und es ist ein Skandal
Wie unentschlossen sie derlei Dinge angeht
Bis sie endlich Liebe gesteht

Da bei der Waage keine Tassen fliegen
Sie hält ja nichts von Kriegen
Ist des Haushalts Porzellan
Schon bald ein Veteran
Bei Meinungsverschiedenheiten ist sie schnell bereit
Die Hälfte der Schuld zu übernehmen, aber nur so weit

Gewonnen hat die Waage, wo sie begreift
Dass wahre Liebe nur reift
Wenn man sie spürt und zeigt
Und sich nicht auf bloßes Abwägen versteigt

Der Waagerich

Gern hätt` er einen Frieden
Unter den Völkern, die verschieden
Doch da er diese nicht erreichen kann
Träumt er von einer friedlichen Frau, dann und wann
Mit der er diesen Traum im Kleinen
Wunderbaren, Feinen
Vermag umzusetzen
Ohne gegenseitiges Verletzen
Wo ein Zwist nur deshalb entsteht
Damit man sich nachher besser versteht

Auch in der Liebe pendeln die Schalen hin und her
Sich zu entscheiden fällt ihm schwer
Es bereitet ihm einfach Unbehagen
Nein zu sagen
Und es geschieht
Ehe er sich versieht
Wenn sein Zaudern als Zustimmung ward verstanden
Dass beide vorm Altare landen
Und wenn er da erst mal steht
Ist`s für ein „Nein" zu spät
Bevor er sich durch `ne Scheidung blamiert

Er sich lieber arrangiert
Und am Ende ist er vielleicht sogar froh
Dass die Dame so
Ihm die schwere Entscheidung abgenommen
Wer weiß, wen er sonst bekommen

Tränen fließen für Verfloss`ne nur aus trock`nen Bächen
Zu aufregend ist`s, mit der nächsten zu zechen
Das Leben geht weiter
Neue Liebe macht heiter

Die Frau, die sich `nen Waagerich geschnappt
Ist keinesfalls in eine Fall` getappt
Sie sollt`s ihm nur oft und bewundernd sagen
Schmeicheleien manipulieren sein Betragen
Und ein Kuss beizeiten auf Mund oder Wange
Halten ihn schon zur Stange
Als Sklave seiner Eitelkeit
Bringt`s die geschickte Frau recht weit

Die feminine Waage

Die Waage-Frau hat Pfeffer im Hintern, woanders Charme
Sowas nimmt man gern mal in den Arm
Doch bevor es dazu kommen kann
Muss sich der verliebte Mann
Erst mal in Kosten stürzen
Ihre Gunst mit raffinierten Präsenten würzen
Vorstellen muss er natürlich was
Es muss einer sein, auf den Verlass
Und der mit Fantasie
Führt Regie

Sie versteht sich auf die Kunst
Davon nur wenige `nen Dunst
Farbloses in Leuchtendes zu verwandeln
Und stets vernünftig zu handeln

Bedürftig ist sie sehr der Liebe
Zu leicht verkümmern ihre zarten Triebe
Komplimente nimmt sie dankbar entgegen
Selbst wenn das Mahl verwürzt und deswegen
Schätzt sie die Diplomatie eines Solchen

Mehr als die von Sittenstrolchen

Gern geben sie von sich was preis
Was der and`re noch nicht weiß
Was sie bis dato von sich selbst noch nicht mal gewusst
Sowas geschieht bei der Lust
Mit and`ren gemütlich beisammen zu sein
Dabei vermischen sich Sein und Schein
Bei den Grimms ist die Waage hoch anngeseh`n
Die können nämlich versteh`n
Dass das Wort nur ein Medium ist
Das sich frisst
In der Hörerschaft Gemüt
Lässt wallen ihr Geblüt
Sie ferner in die Ferne schweifen
Und am Ende selbst begreifen
Dass dann und wann
Auch ein Märchen nützen kann

Wer sie verletzt oder verlässt, für jene
Fließt keine Träne

Waagen sind treu dem Mann
Der sie ein wenig anhimmeln kann
Wer im Schlafgemach kein Süßholz raspelt
Oder sich bei Liebesschwüren verhaspelt
Wer ihre Kriegsbemalung nicht geziemend würdigt
Empfängt `ne prächt`ge Gardinenpredigt
Oder erntet die Früchte einer lustlosen Frau
Wo`s abgeht wie auf der Autobahn bei einem Stau
Sie hat sich doch nur so schön gemacht
Damit der Bettpfosten nur so kracht
Dies ist schon einer Würdigung wert
Oder liegt se da verkehrt
Ein Liebhaber, der nach dem Akt die Äuglein schließt
Über dessen Lippen keine Anerkennung fließt
Für ihren Einsatz, ihre Schönheit
Provoziert Unmut und Streit

Hat sie sich zur Ehe entschlossen
Steht sie treu und unverdrossen
Zu dem heil`gen Bund
Und ist sein Bauch auch noch so rund

Er ist nur zu schelten
Will er nicht Gleiches mit Gleichem vergelten
Und will er nicht auf der Sonnenseite leben
Wird`s keine Goldene mit ihm geben

Nörgler und Ignoranten
Die ihre wahren Werte verkannten
Die streiten und uncharmant sind
Überlässt sie bald dem Wind
Der mit seiner eigenwill`gen Kraft
Gerechtigkeit schafft

Ergebnis

Zusammengefasst kann man nicht klagen
Und in drei Zeilen ist zu sagen:
Im Großen und Ganzen ist also die Waage
Ohne Frage
Stets in einer besond`ren Lage

Skorpion

Raue Winde huschen über Feld und Wald
Wirbeln letze Blätter vom Baume bald
Die Natur erwartet die kalte Zeit
Macht sich zum Winterschlaf bereit
Nicht ohne Samen auszusä`n
Um im Frühling wieder aufzusteh`n

So sind auch Skorpione vom Willen beseelt
Dass sich aus ihrem Inner`n schält
Neues Leben, neue Kraft
Die wunderbare Dinge schafft
Ihre Energie wird gespeist aus frischen Quellen
Aus denen überraschende Ideen schnellen
In die Augen schau`n sie ihrem Gegenüber
Ermessen schnell dessen Kaliber

Neben Pluto ist Mars Regent
Der keinen Kampf verpennt
Während sie sich nach außen gelassen geben
Spuckt innerlich ein Vulkan, tobt ein Beben
Der Stachel ist längst in Stellung gebracht
Wenn es irgendwann heftig kracht
Oder sie haben Mut zur Lücke
Und versuchen`s mit List und Tücke

Weibliche und männliche
Innere Elemente
Streiten sich gern
Um den wahren menschlichen Kern
Sensibel ist er natürlich, als Wasserzeichen
Die rührsel`ge Emotionen beschleichen
Einflüsse von Mars[69] und Pluto[70] halten dagegen
Notfalls mit dem Degen
Die gegensätzlichen Kräfte in ihm lassen ihm keine Ruh`
Treiben ihn an immer zu
Lassen ihn grübeln, um sich und die Welt zu versteh`n
Muss er dabei auch gewundene Wege geh`n
Tief in Abgründe tauchen
Wo and`re schon früh ihre Kraft verbrauchen
Angeboren ist die Tendenz

---

[69] Mars, Gott des Krieges
[70] Pluto, Herrscher der Unterwelt

Krisen zu schüren mit Vehemenz
Um sich dann zu erlauben
Dem ander`n den letzten Nerv zu rauben
Ohn`dabei sein höherwert`ges Ziel
In seinem höchst verworr`nen Spiel
Aus dem Auge zu verlier`n
Vor sich selbst will er brillier`n
Auf inn`re Ziele ist er bedacht
Auf dass ihm am End` die Sonne lacht

Was and`re von ihnen denken
Vermag ihr Steuer nicht zu lenken
Meister sind sie im Tarnen
Können and`re leicht umgarnen
Sich rätselhaft und geheimnisvoll zu geben
Gefällt ihnen, ist ja ihr Streben
Wenn`s d`rum geht, jemanden auf die Probe zu stellen
Können sie sich schon vorstellen
Sich im Erfolgsfall zu ihm zu gesellen

Sie handeln nach eig`nen Gesetzen
Von Kritik nicht zu verletzen

Ihr Eigenwille birgt natürlich Gefahren
Deren Stachel sie spät erst erfahren

Die Wahrheit ist ihnen heilig
Und oft haben sie es eilig
Diese dem ander`n zu präsentier`n
Ohn` dabei zu bagatellisier`n

Haben sie erst mal `nen Entschluss gefasst
Sind sie ganz Enthusiast
Alle Talente und Kräfte setzen sie ein
Scheuen keine Pein
Nicht zuletzt hilft der Glaube
Der beglückt wie die Traube
Und öffnet das Tor zu einer Welt
In welcher der Skorpion der Held

Er ist das Zeichen der Macht
Dem gern und oft die Sonne lacht
Drum sind sie besonnen und strahlen

Die Sonnenenergie weiter und malen
Sich aus, dass es jenen dann besser geht
Und man sich fortan besser versteht

Der eisige Pluto[71] zieht aus der Ferne die Fäden
Dies führt zwangsläufig zu Schäden
Denn durch sein veraltetes Okular
Sieht er aus der Fern' nur selten klar

Astrologisch sind außerordentliche Fähigkeiten vorbestimmt
In denen das Feuer der Sinnlichkeit glimmt
Er strotzt nur so vor Scharfsinn und Kraft
Mancher wird von seinem Stachel dahin gerafft
Ein einmal gesetztes Ziel
Setzt er nicht so leicht aufs Spiel
Hartnäckig aber alles d'ran
Bis er es fassen kann
Und auf dieser Route
Kommt ihm sein Starrsinn sehr zugute

Er hat auch 'ne sensible Seit'
Die zu zeigen nur selten bereit
Wasser ist sein Element
Und massiv bis vehement
Steht er oft zwischen den Stühlen
Unterschiedlichen Gefühlen
Leidenschaftlich macht ihn dies
Öffnet das Tor zum Paradies

Seine magische Anziehungskraft

---

[71] Pluton (Mythologie), (lateinisch Pluto), in der römischen Mythologie Totengott, Gatte der Proserpina (griechisch Persephone) und römische Entsprechung des griechischen Gottes Hades. Pluton half seinen zwei Brüdern Jupiter und Neptun, ihren Vater Saturn zu stürzen. Bei der Aufteilung der Welt wählte Jupiter die Erde und den Himmel als sein Reich, und Neptun wurde der Herrscher des Meeres. Pluton erhielt die Unterwelt als sein Königreich, in dem er über die Schatten der Toten herrschte. Ursprünglich galt er als wilder und unnachgiebiger Gott, unzugänglich für Gebete und durch Opferungen nicht zu besänftigen. In späteren Kulten und allgemeinen Glaubensvorstellungen wurden die freundlicheren und wohltätigeren Aspekte des Gottes hervorgehoben. Pluton, den man für den Herrn der in der Erde ruhenden Schätze wie Mineralien und Pflanzen hielt, war in Rom auch bekannt als Dis oder Orcus, der Geber von Reichtum. Microsoft ® Encarta ® Enzyklopädie 2005

Ist von der Sorte, die Leiden schafft
Der man sich nicht entziehen kann
Weder als Frau noch als Mann

Wunder Punkt

Eifersüchtig sind sie, besitzergreifend
Im Zorn erlebt man sie oft keifend
Schüchtern gern ein und sind von der Rolle
Gern entfleucht schon mal Kontrolle

In seiner Eifersucht mutiert [72] ein finst`rer Glaube
An die elementare Hinterlistigkeit des Menschens zur Schraube
Die sich solange um sich dreht
Bis wirklich nichts mehr geht
Dieser Habitus [73] rumort, ist ständig präsent
Argwöhnt und dann am End`
Taucht er auf und mit seiner Rute
Schlägt ein auf alles Gute
Was ihm eigentlich bescheren sollte Glück
Nicht aber brechen sein Genick

So schmäht [74] er oft aus grobem Unverstand
Die ihm durchaus wohl gesonn`ne Hand

Seine Meinung ist schnell gebacken wie der Ecken-Snack
Den man drückt im Vorübergehen weg
Egal, ob er dem ander`n schmeckt
Er wird ihm in den Hals gesteckt
Es wird nicht lang der Sachverhalt geklärt
Sondern sich vorsorglich schon mal beschwert
Da Fakten sie nur vernebeln
Quälen und knebeln
Fundamental ist für sie nur das Gefühl
Nicht, was wirklich entstand in dem Gewühl
Standpunkte and`rer vermögen wenig
Auszurichten bei ihrem König

Toleranz ist nicht ihre starke Seite

---

[72] Mutieren: wandeln, verändern
[73] Habitus: geistige oder sittliche Haltung
[74] Schmähen: höhnen, beleidigen, verletzen

Und and`re suchen schnell das Weite
Wenn sie abweichende Meinungen präsentier`n
Die ihre Ehr` tangier`n

Wo sie zum Einstehen für eine Idee bereit
Ist der Fanatismus nicht weit
Der bekanntlich dazu führt
Dass man Dinge sagt, tut und Themen berührt
Die man später schrecklich bereut
Wenn die Opfer längst in alle Welt verstreut

Es ist bekannt
Dass den Skorpion – wie den Elefant`
Ein gutes Gedächtnis ziert
Aus dem er zuweilen nach Jahren erst gebiert
Die Frucht einer lang` zurück liegenden Schmach
Und das Ungemach
Bricht dann wie ein Gewitter über den herein
Der damals das Arschloch war – das Schwein
Bringt recht bald seinen Stachel in Position
Und sticht im nächsten Moment zu – in Rache-Engel-Funktion

Mit dem Arsch stößt er – man nehm`s mir nicht krumm
Einfach um
Was er mit Händen und Geist mühsam geschafft
Wird so im Nu dahingerafft
Während einer einz`gen Zornestirade
Schade!

Berufliches

Da sie das Kränkeln hassen
Werden Krankheiten gern mal gelassen
Und dank ihrer guten Konstitution
Schaffen sie das schon

Was dem Skorpion widerstrebt im Sinn
Schmeißt er hin

Sicherheit ist ihm ein zu hoher Preis
Wo ihm droht das Abstellgleis
Doch bevor der Sinn sich dergestalt dreht
Er sich aufs Knechten versteht

Albeiten ohne Mullen und Knullen
Velzichten auf manche Pause mit Kaffee und Stullen
Haben `nen off`nes Ohr für die Sorgen der Kollegen
Sind beliebt deswegen
Doch nach ihrem ureig`nen Plan
Gehen ihre privaten Sorgen niemanden was an
Sie zeigen nur ungern ihre eig`nen Karten
Da muss man schon ganz lange warten

Sie forschen danach, was die Welt
Im Innersten zusammenhält
Eine Mission in überirdischen Angelegenheiten
Sie mit Freuden begleiten

Wer sich aber soviele tiefschürfende Gedanken macht
Zuviel arbeitet und wenig lacht
Ist geneigt
Dass er sich in Depressionen versteigt
Doch bevor es zum Schlimmsten kommt
Schutzpatron Mars sich erfrommt
Den Schleier des Nebels zu lichten
Und für ihn neue Ufer zu sichten

Wer den Ritt durch tiefe Täler meistert
Schließlich jeden Boss begeistert
So werden sie sich zum kollektiven Entsetzen
In jedem Beruf durchsetzen

Ein Geheimnis zu lüften
Unterscheiden zu können unter den Düften
Selbstständig zu arbeiten
An komplexen, vertraulichen Angelegenheiten
Eine harte Nuss zu knacken
Unter dem Druck der Faust im Nacken
Ohne Aufgabe von Loyalität
Gegenüber ihrer Majestät
Füllt ihr Berufsleben aus
Gehen abends vergnügt nach Haus`

Finanzen

In Sachen Finanzen sind se sehr gewitzt

Eine Transaktion – und alles ist geritzt
Wohlstand ist für sie vonnöten
Sonst geht ihre Macht rasch flöten
Ganz bedeutsam ist für sie der Trick
Der ist zugegeben wirklich schick
Vermögen im Schlaf zu mehren
Während sie der Arbeit den Rücken kehren
Und dies am liebsten im ganz großen Stil
Bringt halt viel

Diskret horten und verwalten sie ihre Gelder
Jemand anders bestellt für sie die Felder
Fördert Öl aus ihren Quellen
Während sie sich in einer Bar Schampus bestellen
Oder sie besuchen ihre Bank in Liechtenstein
Und legen dort heimlich was rein

Als Kinder

Kaum sind sie auf der Welt, scheinen sie weise
So wie and`re erst als Greise
Erklären Oma und Opa präzise
Ihren Weg aus der Krise
Wer sich schon so früh int`ressiert, was die Welt
Im Innersten zusammenhält
Kann auch schon früh in vielen Dingen
Mitsingen

Schikane quittieren sie mit Lachen
Als würd`s ihnen nichts machen
Wo and`re heftig stürzen
Und dies mit Wehklagen würzen
Wenden sie den Schmerz nach innen
Um den Trost im geschützten Bereich zu beginnen
Dies tun sie aber nur zu ihrem eig`nen Schutz
Ihre Gefühle halten sie gern unter Putz

Es wird ganz lang` geschaut
Bevor ein Kontakt wird aufgebaut
Doch wo Freundschaft einmal besteht
Sie nie mehr vergeht

Als Eltern

Da sie sehr aufmerksam sind
Entgeht ihnen nichts Wichtiges am Kind
Fürsorglich fördern sie die Kleinen
Wo sie Talente beim Kleinen vermeinen
Der Schutz des Sprösslings geht manchmal zu weit
So gibt es Streit
Um der Freiheit willen
Sogar manchmal beim Stillen
Doch ein scharfer Blick
Führt den Kleinen oftmals zurück
Auf den Pfad der Tugend
So ist`s halt in der Jugend

Liebe

Man kann ihnen nicht gerade nachsagen
Dass sie ihre Gefühle zu Markte tragen
Schuld ist Pluto, ihr herrschender Planet
Der es auf geheimnisvolle Weise versteht
Sie mit einer rätselhaften, kühlen Aura [75] zu umweben
Zulasten von Lust und Leben

Locker plaudern fällt ihnen schwer
Ist ihnen aber auch zu inhaltsleer
Was könnt` man derweil alles beschicken
Häusle bau`n oder stricken

Sie selbst mögen ihre Geheimnisse verwalten
Doch in ihrem Eifer kaum erkalten
Dem Partner alle zu entlocken
Zu ihrem persönlichen Frohlocken

Die Messlatte, die sie bei ander`n anlegen
Sie gern bei sich selbst nach unten bewegen
So kann man diese leichter überspringen
Und dabei noch ein fröhlich Liedchen singen
Sie nehmen sich selbst Dinge heraus
Die für den ander`n bedeuteten das sich`re Aus
In der gleichen Situation

---

[75] Aura: Ausstrahlung eines Menschen

Doch: wer fragt danach schon?

Während der Partner in der Badewanne schmilzt
Er selbst Handtasche und Brieftasche des Partners filzt
Um sich auf die Suche danach zu begeben
Ob wohl schon Verhandlungen mit Geliebten schweben

Haben sie erst mal Vertrauen gefasst
Zu einem Partner, der vortrefflich passt
Löst sich in ihrem Hals der Kloß
Lassen sie nicht wieder los
Treu sind sie bis auf den Grund
Wie ein Hund

Dann gehen Gefühle auch schon mal mit ihnen durch
Irgendwo finden sie schon `ne Furch`
Lesen dem Partner die Wünsche von den Lippen ab
Und machen in Liebesdingen selten schlapp
Sie blühen auf, wenn man sie braucht
Ihre Hilfsbereitschaft nicht verraucht

Derselbe Fanatismus, der zuweilen
Lässt sie zu politischen oder religiösen Extremen eilen
Kann auch in der Liebe aufleben
Den Partner in ein Geflecht einweben
In welchem der Skorpion die Fäden zieht
Und der and`re kaum merkt, wie ihm geschieht
So fällt`s ihm auch im täglichen Verkehr
Nicht leicht, eher schwer
Sich zu entschuldigen, Fehler zu bekennen
Und in Reue zu brennen
Als gäb` er dadurch das Zepter aus der Hand
Und wär` nun selbst vor den Karren gespannt

Sie machen vor einem Partner Kehrt
Der sich nicht wehrt
Doch gegen `nen wehrhaften Partner wollen sie gewinnen
Die Skorpione – die spinnen!
Weil sie den Partner dazu zwingen
Rechtzeitig aufzugeben beim Ringen
Um ihm den Kranz zu lassen
Sonst würd` sein Ruhm rasch verblassen

Die Skorpionikin

Sie versprüht erotisches Feuer
Welches manchem ungeheuer
Mit aufregenden Augen verhext sie den erträumten Mann
Bis dieser nicht mehr anders kann
Als ihrem Zauber zu erliegen
Und sich an ihren Busen zu schmiegen

Was ihre Augen versprechen
Wird sie selbst nicht brechen
Auf ihre Treue kann man sich verlassen
Selbst wenn Anziehung und Liebe verblassen

Der Mann ihrer Träume reitet `nen Rappen
Ist sicher kein Waschlappen
Sondern Held
Den sie so leicht nicht verprellt
Und wär` er zur Leidenschaft in der Lage
Gäb`s kaum `nen Grund zur Klage
Und könnt` er ab und zu mal ihr Knecht auch sein
Wär` er ihr ersehnter Sonnenschein

Ist ihr Herz erst getroffen vom Blitz
Betrachtet sie ihn als persönlichen Besitz

Garniert die Zweisamkeit mit allerlei Gewürzen
Und um es abzukürzen:
Ihre Leidenschaft ist unerreicht
Selbst der Widerstandsfähigste streicht
Entwaffnet irgendwann die Segel
Nimmt genüsslich wahr den steigenden Pegel
Der Lust
Die ja auch mal ans Ruder muss

Keine ist so verschwenderisch im Geben
So erfinderisch im Streben
Den Geliebten wunschlos glücklich zu betrachten
Nach all den filigranen Schlachten

Wer sich nicht von ihr zu trennen traut
Sieh` nur zu, dass er schaut
Nach ander`n hübschen Damen

Gesichert sind so Ehedramen
Die in die Scheidung münden
Und lebenslanges Unheil verkünden
Denn wer die Skorpionikin verletzt und ständig reizt
Für den sie gern den Stachel schärft und spreizt

Für sie ist die Liebe ein kostbares Band
Inhalt und Rand
Das keine Geheimnisse verträgt
An dem keiner sägt
Und insgeheim die Hoffnung dabei schürt
Dass Liebe ihre Seel` berührt

Die Skorpionikin hat von allen Zeichen
Das wollen wir hier mal unterstreichen

Die größten Talente zu erkennen
Wo Schwachpunkte Geist von Herz und Seele trennen
Sie kann versteh`n und akzeptier`n
Schwarze Seelen vermögen sie nicht zu indignier`n [76]
Denn das Wechselspiel von Schatten und Licht
Haben bei ihr besonderes Gewicht
Sie bringen Farbe in ihr Leben
Lassen sie in höh`re Sphären schweben

Wer aber sich seine Leuchtkraft von Masken borgt
Um den ist man ernsthaft besorgt
Die Skorpionikin mit dem Röntgenblick
Fällt nicht rein auf diesen Trick
Scheinheiligkeit ist ihr zuwider
Durchzuckt all ihre Glieder
Sie ist von der Idee beseelt
Dass jedem Mann irgendwas fehlt
Was dieser zu verbergen sucht
Die Unvollkommenheit sei verflucht!
Nun strickt und feilt sie an dem Mann
Bis langsam reift heran
Ein stattlich Geschöpf von ihro Gnaden
Hat nichts mehr gemein mit `nem Nomaden
Ist er dann endlich halbwegs gelungen
Zeigt sie sich notgedrungen

---

[76] Indignieren: entrüsten, verwirren

Auch öffentlich mit ihm umschlungen

Die starke Sehnsucht nach Tiefe wirft Schatten und Licht
Einerseits verkennt sie Schmerz und seine Bürden nicht
Und mag sich eilen
Diese mit ihm zu teilen
And`rerseits sind ihre Erwartungen von der Sorte
Dass der Partner liebäugelt mit der Pforte
Dem Weg zurück ins Leben der Nomaden
Wohl bewusst, das könne nicht noch mehr schaden

Ist er allerdings in der Lage
Für seine jeweilige Plage
Eine plausible Rechtfertigung zu finden
Wird sie sich weiterhin für ihn schinden
Ihr Sinn für Recht ist ausgeprägt
Auch, wenn`s an ihren Nerven sägt
Ihre eig`nen Wünsche stellt sie dann zurück
Und liefert so ihr Meisterstück

Ihr Gerechtigkeitsgefühl ist allerdings – leider
Da frohlocken nun die Neider
Nicht gegründet auf scharfsinn`gem Intellekt
Schon eher auf Konfekt
Oder Sekt
Am ehesten aber ist`s `ne instinktive Reaktion
Auf eine Situation
In der sie sich falsch behandelt fühlt
Und deshalb `das Kind` unterkühlt
Mit dem Bade ausspült

Ist Betrug beim Mann im Spiel gewesen
Zeigt sie sich als Besen
Der verhext, verteufelt und bestens kehrt
Und den Partner dahin belehrt
Dass sie ihm auf die Schliche kommt
Wenn er vom rechten Weg abkommt
Und ihre Rache auf jeden Fall
Härter ist als süß der Sündenfall

Wen sie nicht mag, den wird sie lehren
Sich zum Teufel bald zu scheren
Deren Reaktion trifft sie nicht

Gibt es dort jedoch `nen Wicht
Denn sie liebt und der sie kritisiert
Reagiert sie traumatisiert

Den Menschen, den sie liebt und der mit ihr ringt
Sie befeilt und am Ende dazu bringt
Das Leben im Ganzen bewusster zu gestalten
Um nicht gar so schnell zu erkalten
Die Grausamkeit im Keime schon zu erkennen
Und sie rasch zu verbrennen
Bevor sie wütend in ihm tobt
Und keiner ihn mehr lobt

Ihre Tiefsinnigkeit fordert Tribut
Aus der heißen Lavamasse Glut
So fällt es ihr zum Beispiel schwer
Beim ganz banalen Verkehr

Im alltäglichen Leben
Sich völlig unbeschwert zu geben

Sie bedarf einer Arena, in der sie Frau oder Mann
Ihre kämpferische Seite beweisen kann
Den Frieden stellt sie stets infrage
Er verbringt sie oft sogar in Rage
Gelegentlich geht sie dann so weit
Vorsätzlich zu entfachen einen Streit
Um ihn am Ende selbst wieder zu schlichten
Und so das Bett der Versöhnung her zu richten
Im dem bekanntlich der Liebe
Erwachsen neue Triebe

Der Skorpionike

Gesellig ist er eher mehr
Drüm liegen ihm Stammtisch und Völlerei sehr
Nach Gutsherrenart lässt`s sich gut leben
Probleme bleiben nicht lang` kleben
Darauf woll`n wir erst mal einen heben!

Er pfeift auf seine letzte Heuer
Für `nen anständ`ges Abenteuer
Scheut keine Gefahr

Wo sie schon ist, ist er bald da
Auch pfeift er auf Astrologie
Lebt lieber nach eig`ner Philosophie

In Sachen Sex er sich dafür erfrommt
Wenn man fix zur Sache kommt
Romantisches Vorgeplänkel steht auf der Abschussliste
Er möchte` ohn` Umschweif gleich in die Kiste

Er wirkt wie ein Magnet
Auf Damen, die er wie ein Paket
Auspacken möcht`
Nichts Verwerfliches er sich dabei döcht`
Kennt alle Tricks und Kniffe
Umschifft elegant zaweifelhafte Riffe
Auf der Route zur Lust
Erweist er sich als sehr robust
Seine Fantasie hat Kraft und Raum
Schlägt dabei so manchen Purzelbaum

In der Liebe gleicht er ab und an
Einem Vulkan
Der zuweilen erstaunlich weit
Feuer speit
So erliegt so manches Häschen seinem Charme
Dem es gar nicht darauf ankam

Fühlt er sich durch irgendwas getroffen
Bekennt er sich dazu nicht offen
Hüllt sich stattdessen
Unauffällig angemessen
In den Mantel der nonchalanten [77] Abwesenheit
Ist dabei jedoch jederzeit zum Angriff bereit
Um diese verzwickte Taktik zu erkennen
Braucht man schon feine Antennen

Eine klare Antwort auf die Frage, ob er sie liebe
Nach seinem Strickmuster am besten unterbliebe
Er scheut allerdings nicht davor zurück
Seinem besten Stück
In einem denkbar ungünstigen Moment

---

[77] Nonchalant: unbekümmert

Weil's ihm unter den Fingern brennt
'Ne Eifersuchtsszene zu präsentieren
Ohne Rücksicht auf Manieren
Unter Benennung von allen denkbaren Motiven
Meist primitiven

Anerkennt man den Stolz in diesem Mann
Der keinen Fehler zugeben kann
Und hält man ihm diese insgesondere auch nicht vor
Trägt alles mit Fassung und zeigt Humor
Wird sich der Skorpionike als Partner zeigen
In dem warmherzig-sanfte Gefühle aufsteigen

Zeigt die Geliebte, dass sie leide
Hüllt sie der Skorpionike in Tücher und Geschmeide
Herzt sie mit Taten, findet süßholzraspelnde Worte
Und backt zur Not ihr auch 'ne Torte

Wo er bei einer Frau nicht auf Widerstand stößt
Und sie sich womöglich noch selbst entblößt
Findet er danach ganz frei und frank
Rasch den Rückwärtsgang
Er will die Festung im Sturme nehmen
Im Widerstand und Sieg sein Glück erleben

Sein Blick wirkt wie 'ne Zange
Auf dass sie sich verfange
Ihr Schicksal sie mit dem Kaninchen teilt
Das zulange vor der Schlange weilt
Doch weil ihm mehrere auf Dauer zu teuer kommen
Wird er sich irgendwann mit bloß einer erfrommen
Auf ihre Gleichberechtigung er solange pocht
Solange sie sich ihm unterjocht

Er lässt sich nicht den Tag vermiesen
Wird er von einer Holden abgewiesen
Da fasst er doch gleich noch mal nach
Und liegt sie dann noch nicht flach
Ist sie 'ne Kandidatin für den Altar
Und durchaus auch für Adebar

Die kluge Frau ordnet sich zunächst unter
Und wird erst viel später munter

Erst nach der Eheschließung
Beginnt sie mit der Umerziehung

Wenn sie`s mal mit jemand anders versucht
Wird er rasend vor Eifersucht
Es tobt sein Stachel, die Erde bebt
Ein jeder um sein Leben fleht

Das trotz dieser stacheligen Brisanz
Viele Damen bitten um den nächsten Tanz
Verrät, dass unter vielen ander`n Nieten
Der Skorpionike hat doch wohl was zu bieten

Wer mit ihm zum Standesamt schreitet
Besser sich d`rauf vorbereitet
Auf einem Pulverfass zu sitzen
Und vor Explosion ist Flitzen
Angesagt
Bevor der Feuerteufel an ihr nagt.

Ergebnis

Zusammengefasst kann man nicht klagen
Und in zwei Zeilen ist zu sagen
Es ist ein Zittern, Frohlocken und Beben
Mit dem Skorpion zusammen zu leben.

Schütze

Der Herbst macht schlapp
Der Winter löst ihn deshalb ab
Die Stürme, die die Blätter von den Bäumen gefegt
Haben sich gelegt
Die Tiere des Waldes, das Eichhörnchen voran
Legen sich `nen Vorrat an
Die Natur legt ein kleines Päuschen ein
Muss schließlich auch mal sein
In diese Ruhe hinein wird der Schütze aus dem
Geburtskanal geschossen
Der ins Leben tritt recht unverdrossen

Unverbesserliche Optimisten sind sie
Und können da und hie
Auch schon mal ungerecht erscheinen
Wenn die ander`n ihre Meinung nicht teilen
Und nicht sogleich versteh`n
Was die Schützen schon kilometerweit vorausgeseh`n
Er ist aber nicht nachtragend
In dieser Hinsicht überragend

Jupiter ist unseres Schützlings` spiritus rector[78]
Ein alt bewährter Erfolgsmotor
Er strebt stets nach oben
Ist vieler Errungenschaften wegen zu loben

Wer Ziele hat und viel begehrt
Bleibt naturgemäß nicht unversehrt
Doch Misserfolgsverletzungsspuren
Sind schnell und simpel auszukuren
Rückschläge vermögen ihm nichts anzuhaben
Sein Instinkt lässt ihn nach vorne traben
Widrige Winde werden umsegelt
Kursschwankungen rasch geregelt
Oft liegen die Nerven blank
Der Stress macht ihn schlank

Freunde bereichern sein Leben
Die ihm Rückhalt geben
Seine Lebensart schätzen
Ihn fördern, nicht verletzen

---

[78] treibende Kraft

Argwohn kennt er nicht
Dafür ist er zu schlicht
Zu optimistisch und zu gut für diese Welt
In der nur der schlichte Mammon zählt

Er ist 'ne Kombination aus Mensch und Pferd
Und hat sich in dieser Form bewährt
Als Zentaur [79] der Mythologie
Tritt er auf mit Sympathie
Als Vermittler zwischen Mensch und Tier
Hat stets das Gute im Visier
Symbol ist Pfeil und Bogen
Mit dem er zuweilen trifft – ungelogen

Mit ihren Ideen ziel'n sie in die Ferne
Und haben es ganz gerne
Ein Zeichen mit wechselndem Feuer zu sein
In dessen Schein
Sie emotional sehr anpassungsfähig sind
Ob nun als Greis oder als Kind

Der Pfeil des Schützen ist gerichtet auf ein Ziel recht vage
In der Hoffnung, dass der Wind ihn trage
Über den Horizont hinaus
Er erntet dafür Applaus
Dass er in wildem Galopp die Fährte aufnimmt
Und irgendwann – ganz bestimmt
Den Pfeil höchstpersönlich noch im Fluge ergreift
Und dabei noch 'ne Sternschnuppe streift
Wodurch er sich mit einer Aura[80] des Mystischen[81] umgibt
Wofür ihn gar mancher liebt

Was den Schützen sein ganzes Leben über erregt
Und von Herzen tief bewegt
Ist das Zielen
Ohn' dabei zu schielen

---

[79] Zentaur: Fabelwesen, halb Mensch, halb Pferd
[80] Aura: Schein
[81] mystisch: geheimnisvoll, rätselhaft, magisch

Und zum Abschluss
Der krönende Abschuss
Und alsdann
Macht er sich d`ran
Die Flugbahn der Pfeile
Und die Länder, die er durchstreift in Eile
Mit großer Wonne zu erleben

Die Reise dabei ist sein Streben
Sie ist sein Ziel
In seinem abenteuergleichen Spiel
Ob er den Pfeil schließlich wieder findet
Am Ende an Bedeutung schwindet
Wenn er sein Glück auf and`rem Wege fand
Ob zufällig oder mit Verstand

Es gibt aber auch Schützen
Mit echten Scharfschützmützen
Die mehrere Pfeile gleichzeitig abschießen
Und es sichtlich genießen
Die meiste Zeit ihres Lebens
Teilweise vergebens
Für die Verfolgung dieses oder jenes Ziel`s
Dieses oder jenes Spiel`s
Einzusetzen
Um sich auf der Reise mit Interessantem zu vernetzen

Er ist von der Angst beseelt, es ist kaum zu fassen
Etwas zu verpassen
Sei es einen Partner, `nen Film, `ne Attraktion
Oder `ne schlichte Illusion
Er hat `nen exzellentes Gespür
Für die versteckte Tür
Durch dessen Schlüsselloch
Er zwar verschwommen, aber doch
Erkennen kann
Selbst als rastloser Mann
Was morgen als en vogue[82] im Rennen ist
Und woran man den modernen Menschen misst
So kann er heute schon bestellen
Was and`re morgen erst als neu feststellen

---

[82] Beliebt, „in", modern

Es ist einfach zum Mäuse melken
Während andernorts die Blumen welken
Lässt das Glück auf das Haupt des Schützen Gold`nes regnen
Und ihn immer wieder Feen begegnen
Die ihn auf dem Weg des Glücks begleiten
So manche Überraschung bereiten

So ist er oft zur rechten Zeit am rechten Ort
Und das Glück setzt sich in der Weise fort
Dass er beispielsweise
Im Restaurant bei Einnahme einer Speise
Von einer Dame am Nachbartisch
Die zwar vornehm, aber nicht mehr frisch
Um Feuer gebeten wird
So setzt er sich zu ihr ganz unbeirrt
Und am Ende ist er dann
Ihre neue Frau oder Mann
Fürs Management
Und auf dem besten Wege zum Establishment[83]

Kontakte knüpft er auf die Schnelle
Im Erfassen von Chancen ist er helle
Mit Glück allein ist es allerdings nicht erklärt
Es ist auch der rastlose Geist, der in ihm gärt
Das Gespür für das, was morgen „in" ist
Sei es auch nur `ne neue Art, wie man küsst
Ferner Kühnheit und Genialität, die ihn in die Lage versetzen
Trock`nes in der Wüste mit Wasser zu benetzen

Frohen Mutes blicken sie Neuem entgegen
Sind offen, nicht verwegen
Großherzig, freundlich und beweglich
Wenn es sein muss: alltäglich
Mit ihrem Feuer können sie ganze Scharen begeistern
Und viele Konflikte meistern

Hungrig sind sie auf das Leben
Wollen nehmen und geben
Reisen gern, die Welt erkunden
Am liebsten dieselbe ganz umrunden

---

[83] Herrschende Gesellschaft

Und wenn sie dabei körperlich und seelisch genießen
Mögen aus ihnen neue Knospen sprießen

Wenn Eintönigkeit seine Laune vermiest
Er einfach `nen neuen Pfeil abschießt
Oder nimmt wieder auf zu einem die Fährte
Dessen Federn er zuvor schon begehrte

Der Weg ist das Ziel
Und es bedeutet ihm nicht viel
Sich am Lohn lang` zu laben
Wird ihn schon bald für gar manchen Genuss verlebt haben

Er liebt die Gefahr, die am Wegesrand lauert
Seine Auflehnung gegen Konventionen er nicht bedauert
Er spielt gern und auch schon Mal
Mit seinem Schicksal
Wechselt ständig seine Rollen
Spielt böse, aber auch die tollen
Zweimal im selben Kostüm ist ihm zeitweilig
Langweilig und peinlich

Er muss Ziele haben, an etwas glauben
Sei es, an einem Nagel herum zu schrauben
Spüren, wie sich fremdes Geläuf anfühlt
Ob es ihn kalt lässt oder aufwühlt
Ein geknebelter oder entzauberter Schütze ist `ne traurige Gestalt
Mit dem es zuende geht recht bald

Möglich auch, dass er das Weite sucht
Und den Zweifler verflucht

Sein Temperament fährt mit ihm oft spazieren
So kann es schon mal passieren
Dass sich in seiner Wut
Wenn diese vortrefflich akut

Eine Tasse im Flug den Henkel verstaucht
Und ist sein Groll erst verraucht
Reicht er ohne Vorwand
Dem ander`n die Hand
Als nachtragend sieht er sich nicht
Verdreht nur allzu gern die Geschicht`

Die zur Verstauchung führte
Und danach sein Herz anrührte

Das Geheimnisvolle zieht ihn magisch an
Es gilt zu entdecken den Plan
Der hinter den Dingen der Schöpfung steckt
Die Natur hält sich da ja sehr bedeckt
Doch wenn er die Realität mit seinen Visionen vergleicht
Ihn ein mulmiges Gefühl beschleicht
Versucht sich dann abzulenken
Um nur nicht daran zu denken
Kommt nach Haus, stellt Radio und Glotze an
Auch der Freund am Telefon ist gleich dran
So ist seine Aufmerksamkeit im Fluss
Sodass er den Schmerz nicht spüren muss
Der der Erkenntnis entspringt
Dass Gott in uns stets mit der Bestie ringt
Die Gutes verneint und Böses begehrt
Und so Unfrieden mehrt

Wunder Punkt

Er verlangt viel von sich, bis nichts mehr geht
Wirkt demzufolge oft überdreht
Auch ander`n verlangt er viel ab
Verständnis, Leistung, Liebe, nicht zu knapp
Wenn and`re aber für ihren Überschwang
Ihr Feuer, ihren Sturm und Drang
Gelegentlich kein Verständnis zeigen
Schützen schon mal zur Verachtung neigen

So zielgerichtet sie auch sind
Zuweilen sind sie wie ein Kind
Die sich gern von neuen Reizen verzaubern lassen
Und dabei ihr Ziel verpassen

Arglos vertrau`n sie Fremden Dinge an
Mit denen man die Schützen treffen kann
Weil sie Argwohn nicht kennen
Müssen sie zeitweilig im Schadenfreudenfeuer brennen

Sie schürfen nicht in allzu tiefem Grund
Verbrennen sich manchmal den Mund

In ihrer Meinung sie oft schwanken
Für Gutes selten danken
Manchmal nutzen sie and`re aus
Und schmeißen sie dann raus

Zur Impulsivität sie neigen
Zu scharfer Kritik sie sich zuweilen versteigen
Ein Scheit mehr als erforderlich landet in der Glut
Fördert leicht des ander`n Wut
Kann jener die Überreaktion nicht versteh`n
Schütteln sie den Kopf und geh`n
Einfühlungsvermögen hat den Schützling
Für viele der Liebling
Sicher nicht in die Halle des Ruhmes geleitet
Diese Tatsach` er allenfalls selbst bestreitet
Dass er zielt, trifft und merkt es nicht
Ist schon `ne traurige Geschicht`

Er spricht oft von Orten und Dingen
Die ander`n erstmals im Öhrchen klingen
Und irgendwie schafft er dabei eine Atmosphäre
Als wenn man selbst ungebildet und unint`ressant wäre
Nur weil man all diese Dinge heut` nicht kennt
Die er schon seit gestern beim Namen nennt

Und da er sich für alles sehr ins Zeug `rein legt
Er oftmals verspricht begeistert – nicht überlegt
Viele Dinge, die er am Ende dann
Nicht halten kann
Wird ihm selbst aber ein Versprechen gegeben
Wird man erleben
Dass seine Erinnerung kennt keine Lücken
Ja, das Leben steckt voller Tücken!

Und er wird sehr sauer reagier`n
Kann man das Versproch`ne nicht realisier`n

Sie müssen noch lernen
Nicht ständig gegen Parkuhren oder Laternen
Zu laufen, doch wer seinen Blick
Mit Fortune und viel Geschick
Auf den fernen Horizont gerichtet hält
Leicht schon mal in die nächste Grube fällt

Wer den Grashalm unterm Fuß lieb betrachtet
Nur selten nach der Ferne schmachtet

Aus dem Schützen Angstschweißtropfen schnellen
Geht es d`rum, sich der realen Welt zu stellen
Denn dann wäre er mit der Endlichkeit seiner Genialität konfrontiert
In der eben nicht immer alles nach seiner Facon funktioniert
Und alles gar nicht so schillernd ist
Wie glauben machen will der Hahn auf dem Mist

Jupiter, der Gott, der ihn beherrscht und leitet
Mit göttlicher Fortune auf der Erfolgsleiter gleitet
Er ist ein Gott und kann mit vielem durchkommen
Sich für vieles erfrommen
Doch dem sterblichen Schützen fällt vieles schwer
Und hinkt seinem Jupiter in vielem hinterher
Weil er optimistisch ist und auf sein Glück baut
Und an das Schöne im Leben glaubt
Hat er mehr als and`re Erfolg im Leben
Doch eines wird seinen Triumpf trüben
Dass er sich im fehlerhaften Mensch-Sein hat zu üben
Auch dass er sterblich ist
Er allzu gern vergisst
Sein Gehabe hat schon was von der Qualität
Als spiele er Majestät
Er hat es dabei gern
Wenn and`re betrachten ihn als leuchtenden Stern

Erst dann, wenn er sich selbst erlaubt
So zu sein, wie zu sein er sich wünscht und woran er glaubt
Vermag er all die Dinge zu realisier`n und auszuleben
Die in ihm schlummern und ins Licht streben
Erst dann vermag er sich um seiner selbst willen zu lieben
Und muss nicht unbedingt sein` Fantasie vorschieben

Wessen der Schütze bedürftig ist
Ist ein Freund, der ihn misst
An seinen Träumen und diese teilt
Und eilt
Ihn unsanft aus diesen zu erwecken
Wo es dringend gilt, neue Ziele zu stecken

Berufliches

Fairness hat er sich auf die Fahne geschrieben
Ob als Chef oder Kollege
Reizt sein Potenzial aus nach Belieben
Räumt Zwist leicht aus dem Wege
Als Mitstreiter verbreitet er Wohlbehagen
Ist gut zu ertragen
Solang` ihm keiner im Wege steht
Das Rad der Harmonie sich weiter dreht
Und wird er vor versammelter Mannschaft gelobt
Ein Sturmwind in ihm tobt
Mag ihn noch stärker treiben
Der Chef wird sich die Hände reiben
So gilt er als Vorbild für alle
Im Zweifelsfalle

Chefs mögen die beherzte Art
Mit der der Schütze behänd und smart
Heiße Eisen behandelt
Und alles in Wohlgefallen verwandelt
Er bringt Schwung in den trübsten Betrieb
Dafür hat ihn so mancher lieb

Auch ihr Vermögen, Künft`ges weit vorherzuseh`n
Ist beim Chef recht gern geseh`n
Denn so, auf diese Weise
Umkurvt die Firma manche Scheiße

Ihre Interessen hängen an vielen Dingen
Die sie zu weit`rer Forschung zwingen
Ihre Meinung können sie recht gut vertreten
Selbst wenn sie um diese nicht gebeten

Was sie selbst nicht zu tun vermöchten
Sie nicht gedöchten
Ander`n als Aufgabe zu präsentier`n
Um etwa so deren Ohnmacht zu zelebrier´n
Sie werden ein Stück weit beim andern`n verweilen
Auch wenn sie dessen Meinung nicht teilen
Menschenkenntnis und Reaktionsschnelligkeit
Öffnen ihnen die Tore weit
Für diese oder jene Karriere

Die ihnen kommt in die Quere

Sie fühlen sich nicht besonders wohl
Ist der Dienstherr herrisch und hohl
Auch sind sie in ihrem Leben
Nicht so gern untergeben
Obrigkeitsdenken ist ihnen zuwider
Zwitschern lieber selbst erfühlte Lieder
Wollen auch als Lehrling selbst entscheiden
Befehle können se nicht leiden
D`rum ist, wenn`s ihnen an der Seele nagt
Orts- und Luftveränd`rung angesagt
Und wenn ihnen der nächste Chef nicht passt
Wird er kurzerhand geschasst[84]
Oder der Schütz` nimmt selbst den Hut
Und wirft ihn in die Glut
Seiner Bestürzung über der ander`n Ignoranz
Die total verkennen seinen Glanz

Auf`s Repräsentieren sie sich versteh`n
Können gut mit Menschen umgeh`n

Finanzen

Das Glück eilt dem Schützen hinterher
Und so fällt es ihm nicht schwer
Mit vermeintlich` Unglück umzugeh`n
Er weiß: er braucht sich nur zu dreh`n
Und schon wendet sich das Blatt
Und ihm fließt zu, was er nötig hat

So trägt`s sich zu in fast allen Bereichen
Glück kommt, Stillstand muss weichen
Ist irgendwann die Börse leer
Kommt wie von ungefähr
Ein Elfchen mit einem Koffer angeflogen
Und schon ist die Börse gülden überzogen
Oder er wird von ihr an einen Ort geführt
Der bis dato unberührt
Und wertvolle Schätze in sich birgt
Wofür die Elfe sich verbürgt

---

[84] entthront

Mit dieser Fee an seiner Seiten
Kann man gelass'nen Sinnes gleiten
Durch die Galaxie der Finanzen
Die gerade ihm eröffnet Chancen

Als Kinder

Der winz'ge Schütze ist vergnügt
Der keinen ander'n betrügt

Ihm geht's schon früh um Unabhängigkeit
Kein Weg ist ihm zu weit
Um seinen Forscherdrang zu stillen
Schon um des Fortschritts willen
Hindernisse sind zu nehmen
Um wahrzunehmen
Was auf der and'ren Seite so los ist
Selbst wenn dort nur ein Dackel gegen 'nen Baum pisst

Sprachbegabt und intellektuell veranlagt
Er sich weit nach vorne wagt
Wird auch bald schon wissen
Wie die Eskimos so küssen

Als Eltern

Zum selbstständigen Denken
Handeln und Lenken
Regen sie ihre Schützlinge an
Weil man nur so in der Welt bestehen kann
Durch Geschichten oder eig'ne Erfahrungen aus dem Leben
Versuchen sie Wissen über das Leben weiter zu geben
Mit den Kleinen geh'n sie gern auf Reisen
Lieben es, auswärts zu speisen
Ihnen fremde Kultur und Lebensweisen nah' zu bringen
Weltoffenheit und Brüderlichkeit vor allen Dingen

Wenn ihre Schützlinge sportlich sind
Meldensese im Sportverein an geschwind
Steh'n am Spielfeldrand und feuern an
Bis der Schützling nicht mehr kann

Liebe

Das unermüdliche Unterwegs-Sein nach neuen Zielen
Nach Sinn, Möglichkeiten, neuen Spielen
Kann sich durchaus auf rein inn`re Vorgänge beschränken
Da muss man nicht an Promiskuität [85]gleich denken
Hat man jedoch einen von der zügellosen Sorte
Bewirft man ihn besser nicht mit Torte
Eifersüchtelei und Argwohn sind voll daneben
Sonst wird man erleben
Wie es dem Schützen gefällt
Dass er sich freundlich`re Gesellen bestellt

Er kehrt gern zu einer soliden Basis zurück
Nach dem Abschiedskuss vom Beutestück
So sehr er sich auch nach dieser Basis sehnt
Sei an diesem Rande mal erwähnt
Dass ihn diese Sicherheit auch belastet
Sein Freiheitsstreben antastet
Und wird mehr nach ihr verlangen
Muss er nicht bangen
Dass ein Mühlstein seinen Hals beschwert
Den er, ganz ehrlich, nicht so begehrt

Zuweilen entfleucht er in eine Welt der Fantasie
Der Wunder und Magie
Verkreucht sich in ein schönes Buch
Oder belegt jemand mit `nem bösen Fluch
Vor diesen Erscheinungen stehen and`re fassungslos
Und fragen sich: was soll das bloß?

Der Schütze ist von einer gewinnenden Art
Lässig, entspannt und sehr apart
Durch sein Lächeln, seine Freundlichkeit
Sind Interessenten schon bald bereit
Aus dem Nähkästchen zu plaudern
Frohgemut, ohne zu zaudern
Er flößt halt Vertrauen ein
Nicht nur so zum Schein
Er ist wirklich so offen, ehrlich, direkt
Freundlich und lieblich – wie Konfekt

---

[85] Promiskuität: Mehrverkehr

Ist lockig und wellig
Extrem gesellig
Und bei all dem Kontakt mit Menschenscharen
Will er sich Unabhängigkeit doch gern bewahren
Braucht Zeit für sich, um sich zu erden
Um wieder mit sich selbst bekannt zu werden
Um seinen Frieden wieder her zu stellen
Aus dem dann neue Impulse quellen

Einen Rucksack trägt er gern auf seinem Rücken
Ist stets bereit auszurücken

Dem eig`nen Heim er sich nur solange verschreibt
Wie die Gartentüre offen bleibt
Man muss ihm schon seine Freiheit lassen
Im Käfig wird er rasch verblassen
Oder den Partner hassen
Und alsbald verlassen
Doch wer das Wechselspiel beherrscht von Distanz und Nähe
Landet ganz sicher bald im Hafen der Ehe

Sie gelten als der Weisheit und Philosophie liebend verdächtig
Aus deren Brodeltopf reichlich und prächtig
Die wundersamsten Süppchen fließen
Und fruchtbarsten Gedanken sprießen
Fairness und Vernunft hab`n sie sich auf die Fahne geschrieben
Ein Zeichen zum Verlieben

Die Schützin

Befehle kommen selten an
Bitten immerhin dann und wann
Die Schützin nimmt das Leben leicht
Ist in vielen Dingen unerreicht
Für kritische Filme ist sie nicht zu begeistern
Will fröhlich das Leben meistern
Sie lacht für ihr Leben gern
Die Stimmung befeuert ein `gewisser` Stern
Zum Trübsal blasen niemals aufgelegt
Da sie unentwegt
Frohgemut und weitsichtig den Silberstreif erkennt
Der die Spreu vom Weizen trennt
Und schließlich Lösungen präsentiert

Die nur ein Genie gebiert

Das Balzen der Männer nimmt sie belustigt wahr
Freut sich, dass jederzeit jemand da
Quasi auf Abruf steht
Mit dem sie sich zeitweilig versteht
Mit ihrer guten Laune infiziert sie viele
Bei der Arbeit oder beim Spiele
Ist freundlich und tolerant
Offen, sehr charmant
Ist dabei von sich selbst so eingenommen
Dass ihr schon viele Felle davon geschwommen
Nur starke Männer bleiben da weiter im Rennen
Weil sie erkennen
Dass dort ein Schatz in ihrer Mitten wohnt
Um den es sich zu kämpfen lohnt

Wen sie sich in den Kopf gesetzt
Der sich alsbald vernetzt
Im reizenden Aroma ihrer Weiblichkeit
Sodass er zu allem bereit
Selbst zum Rasenmähen im Regen
Des Auftrags und der Liebe wegen

Die Schützin will keinen von der Stange
Da wartet sie lieber lange

Auf den individuellen Charmeur
Und romantischen Regisseur
Ihres aufregenden Lebens
Und frohgemuten Strebens
Der sie am Ende im Sturm erobert
Und sich über fehlenden Widerstand nicht beschwert

Wer sie an der kurzen Leine hält
Und sie um den Lohn ihrer Liebe prellt
Nicht lacht
Wenn sie Witze macht
Und meint, er habe die Gabe
Ihr vorzuschreiben, was sie zu tun und zu lassen habe
Ist sie auf der Stelle los
Stecken bleibt in seinem Hals ein Kloss
Im Bewusstsein, sie war genial

Dass sie fort ist, ist fatal
Aber so ist das nun mal
Wenn die Sonne ewig scheint
Man gelegentlich vermeint
Diese wär` einem nicht wohl gesonnen
Manchmal ist man so versponnen
Und auf Moral von der Geschicht`gekommen:
Wie gewonnen, so zerronnen

Manchmal wirkt sie ungehobelt
Wenn die Emotion in ihr brodelt
Diplomatische Schmeicheleien liegen nicht so auf ihrer Welle
Eher verlassen auf die Schnelle

Gift spritzende Worte ihren süßen Mund
Und betiteln ihren Gegenüber als dummen Hund
Und weil sie schneller redet als denkt
Wird mancher Halbgarer gekränkt
Doch meistens hat sie damit Recht
Sie erkennt nämlich nicht schlecht
Heuchelei und Intrigen
Ist aufgelegt zu siegen

Langeweile hasst sie wie die Pest
Verlässt dann spontan ihr Nest
Geht unter `nem Vorwand auf Reisen
Lässt dabei so manchen Zug entgleisen
Ist gern dort, wo was los ist
Selbst wenn es eine Vernissage bloß ist
Wo int`ressante Leute anzutreffen sind
Trifft man sie, ganz bestimmt

Mit einem einz`gen Schuss
Auf den man nicht lang` warten muss
Schießt sie den Vorhang auf für eine Welt
Die die trüben Sinne der Menschen erhellt
Sie vermag and`re zu verzaubern, zu belehr`n, zu erfreu`n
Kosten und Mühen wird sie dabei nicht scheu`n

Und Schürzenjägern zahlt sie jeden verlog`nen Schleim
Mit gleicher Münze heim
Mit Märchenprinzen zieht sie selt`ner vor Gericht
Es sei denn, sie mögen sie nicht

Grundsätzlich sind sie aber willkommen
Und werden gern zum Mann genommen
Weil sie in der Lage sind
Sie fortwährend zu verzaubern wie ein Kind
Sie aus dem Alltagseinerlei zu entreißen
So dass sie nicht mehr wissen, wie sie heißen

Für die Liebe ist sie durchaus zu haben
Vermag sich an Komplimenten sehr wohl zu laben
Da das Feuer ohne den Glauben an die Liebe erlischt
Sie diese mit ständig neuen Überzeugungen erfrischt
Sie will geliebt, nicht eingesperrt werden
Was will man mehr hier auf Erden

Der Schützerich

Er reist und wandert oft nur in seiner Fantasie
Der Weg ist das Ziel und für ihn Therapie
Die Realität reicht für ihn nicht an das heran
Was er im Geiste erleben kann
Bei dieser Art des Erlebens wird schon mal leicht vergessen
Schnödes Abendessen

Es ist für ihn kein Glück auf Erden
Von einer Frau bemuttert zu werden
Je weniger sie Verantwortung für ihn übernimmt
Umso mehr das Ergebnis stimmt
Je freier er sich fühlt
Je wen`ger wirkt er unterkühlt
Je mehr wird ihm das Leben Freude bereiten
Je wen`ger wird er sich streiten

Oft scheitert er daran
Weil`s Schwierigkeiten bereiten kann
Eine Brücke zwischen irdischer Realität
Hochtrabender Fantasie und Spiritualität
Zu schlagen
Und das in jungen wie in alten Tagen
Die Kluft ist breit und nach unten ist`s tief
Ist der Anlauf zu kurz, geht`s sicher schief
So verbleiben viele Schützen in der Deckung ihrer Fantasie
Diese enttäuscht sie nämlich nie

In dieser Deckung findet man häufig einen furchtsamen Knaben
Der fürchtet, seine Märchenwelt könnt` man untergraben

Freundschaft und Vertrauen helfen ihm weiter
Machen ihn für vieles bereiter
Er selbst offeriert sie im Überfluss
Sodass sie unweigerlich zurückkommen muss

Groß ist das Herz des Schützen
Groß sind aber auch die Pfützen
Geweint aus der Verfloss`nen Äugelein
Lieber Schütze! Das ist nicht fein!
Er liebt die Abwechslung pur
So ist halt sein` Natur
Manchmal hat er mehrere Mädels gleichzeitig im Rennen
Die für ihn lichterloh brennen

Voneinander nichts wissen
Und ihn deshalb weiter küssen
Aber gute Frau, Sie müssen doch jetzt nicht weinen
Denn, um sich mit Ihnen zu vereinen
Musste er doch Erfahrungen sammeln
Statt vor sich hin zu gammeln
Und aus diesem Schatz, üppig und reich
Erscheint er ihnen wie ein Scheich
Aus dem er schöpft zu passender Stund`
Verzaubert sie, küsst Sie auf den Mund
Trägt sie auf Händen
Will all seine Schätze für Sie nur verschwenden
Um in ganz kleinen Schritten
Erreichen Ihre Mitten
Zu erfahren Stück für Stück
Pures Glück

Die Ehefrauen der Schützen sind Mangelware
Wahre Prachtexemplare
Weil sie die Reize der Vorgängerinnen in sich tragen
Zu des Schützen` Wohlbehagen
Ihre Aura [86] strahlt Herzlichkeit, Anmut, reine Wonne aus
Da geht er nicht fremd, da bleibt er zuhaus`

---

[86] Aura: Schein, persönliche Wirkung

Er ist mitnichten der Haudraufundschluss
Der sofort zum Ziel kommen muss
In der Liebe geht er`s langsam an
Bis er`s nicht mehr aushalten kann

Romantisch ist er ausgerichtet
Auf kleinste Details wird nicht verzichtet

Ergebnis

Zusammengefasst kann man nicht klagen
Und in zwei Zeilen ist zu sagen
Der Schütze setzt den Schuss
Weil er irgend`was treffen muss

Steinbock

Um den Jahreswechsel, der erste Schnee gerade fällt
Erblickt der Steinbock das Licht der Welt
Die Sonne erreicht ihren südlichsten Stand
Allmählich wieder nach Norden gewandt
Sie steigt schon wieder höher am Himmelszelt
Und kündet von ihrem Sieg über die Welt
In den Betrieben werden die Bücher frisiert
Was den kleinen Bock noch nicht schockiert
Von dem Aufwärtstrend der Natur wird er angetrieben
Und stetiger Fortschritt ist ihm auf die Fahn` geschrieben
Und wie sein Wappentier findet er im Eis und Schnee
Stets das nötige zum Leben und die gute Fee
Er strebt steil nach oben
Dafür wollen wir ihn schon mal loben
Der Pfad hinauf ist gepflastert mit Steinen und Entbehrungen
Kraftakten, erschwerten Bedingungen
Und späten Ehrungen
Während andere nach Luftschlössern streben
Dabei zuweilen ein Erdbeben erleben
Hält sich der steinige Bock an Realitäten
Und seien sie als Politiker auch nur gewürzt mit Diäten
Er träumt nicht nur von gewissen Werten
Er erarbeitet sie sich und will sie erhärten
Ein reales Ziel verfolgt er mit Macht
Und versetzt den Berg, auf dem er lebt, in den Schacht
Wo Gold und Diamanten funkeln
Selbst im Dunkeln
Wo Berge versetzen kann der Glaube
Dreht der Steinbock an der Schraube

Zuzuordnen ist er dem Element der Erde
Dazu bestimmt, dass er bodenständig, fleißig und praktisch
werde
Ehrgeiz ist tief in ihm verwurzelt
Und nicht selten purzelt
Ihm Erfolg vor die Füße
Zeigt ihm so des Lebens Süße

Das Element Erde lässt ihn auf dieser leben
Und nicht schweben
In höheren Gefilden
Bei Träumern und Wilden

ist Saturn, Planet der Disziplin und Struktur
Und anders als Merkur
Gibt er dem Menschen zu bedenken
Dass das Schicksal mag schwenken
Wenn man Raubbau [87] treibt
Und nicht innerhalb der Grenzen bleibt

Der Weg zum Erfolg ist steinig und dornenreich
Doch am Ende lässt er sie sinken schäfchenweich
In ein Bett im Paradies
Ausstaffiert mit bunten Federn und Kies
In der Mythologie [88] wird Vater Saturn auch als
grausam dargestellt
Dem es – wenn`s denn sein muss – auch gefällt
Den eig`nen Vater nieder zu ringen
Um ihn zu zwingen
Die Macht abzugeben
Für ein vermeintlich bess`res Leben
So sind, es nimmt nicht Wunder
Viele Politiker darunter
Die eine nützliche Skrupellosigkeit beweisen
Um die Welt vom Unglück los zu eisen

Der Steinbock ist der Geheimnisvollste unter den Erdzeichen
Zuweilen auch mit einem Magier zu vergleichen
Und stets auf der Suche, was die Welt

---

[87] Raubbau: die zu intensive Nutzung e-s Teils der Natur (z. B. e-s Ackers), durch die Schaden entsteht

[88] Mythologie, die Gesamtheit der überlieferten Mythen einer bestimmten Kultur sowie deren wissenschaftliche Darstellung und Erforschung. Der Mythos ist eine Erzählung mit einem religös-weltanschaulichen Gehalt, im Allgemeinen eine Legende, die den Ursprung der grundlegenden Umstände und Voraussetzungen einer Kultur allegorisch beschreibt und schildert. So kann eine mythische Erzählung vom Anfang der Welt, von der Schöpfung der Menschen und Tiere und der Entstehung bestimmter Bräuche, Gebärden oder Formen menschlicher Aktivitäten handeln. Fast alle Kulturen besitzen oder besaßen Mythen und erklären ihre Welt u. a. in mythischen Kategorien. Mythen unterscheiden sich von Märchen darin, dass sie „in einer Zeit vor der Zeit" angesiedelt sind, d. h. vor der Entstehung der Welt. Auch der Ort ihrer Handlung ist deshalb ein anderer als die uns bekannte Welt, er ist „die Welt vor der Welt". Weil in Mythen die handelnden Personen Götter sowie andere übernatürliche Geschöpfe sind, wird der Mythos gewöhnlich als Aspekt der Religion betrachtet. Doch er ist weit mehr – aufgrund seines allumfassenden Charakters kann er viele Aspekte im Leben des Einzelnen und einer Gesellschaft erhellen. Microsoft ® Encarta ® Enzyklopädie 2005 ©

Im Innersten zusammenhält

Er strebt nach Meisterschaft in vielen Dingen
Hat dabei mit Gegnern und Elementen zu ringen
Schon früh lernt er, dass dann und wann
Auch ein Ass im Ärmel nützen kann
Ungern lässt er sich in die Karten schauen
Erst muss er dem Menschen vertrauen
Seine Geheimnisse hütet er wie ein Hirt
Und lichtet sie erst nach verlässlichem Flirt
Argwöhnisch beäugt er rings herum das Leben
Denn irgendwo muss es einen Haken geben

Der ihm das Erleben des Schönen verleidet
Er es deshalb a priori [89] meidet

Schon früh interessieren ihn die harten Fakten des Lebens
Zum Spielen reizt man den kleinen Bock vergebens
Weil dies` auf kein erkennbares Ziel gerichtet
Er lieber verzichtet

Recht früh lernt er zu prüfen und zu kalkulier`n
Bevor ein Geschäft ist zu riskier`n
So besehen ist für ihn immer irgendwie alles ein Geschäft
Bei dem er in der Hand hält das Heft

Stets führt er etwas im Schilde
Arbeitet an irgendeinem Gebilde
Auf den Zufall mag er nicht vertrauen
Er will sich selbst was bauen
Er wappnet sich vor Unglück und Missgeschick
Bevor es bricht sein Genick
Jeder Griff in seinem Lebensspiel
Ist gerichtet auf ein bestimmtes Ziel
Und dies hält er im trauten Heim
Geheim
Sein Humor ist mit Ironie garniert
Den nicht jeder gern probiert
Dazu passt sein unterkühlter Charme
Und wen dies nicht vertreibt, nimmt ihn in den Arm

---

[89] a priori: von vornherein

Schwer fällt`s ihm, Verantwortung abzugeben
Die Zügel bleiben wie Pech an ihm kleben
Über die er selbst den Kurs dirigiert
Sicher, behände und motiviert

In jungen Jahren tragen sie gerne Lasten
Ackern wie `nen Gaul und fasten
Dies scheint für sie selbstverständlich zu sein
Wie nachts der Mondenschein

In der Schule des Lebens
Wo sie fahnden nach der gebotenen Härte vergebens
Legen sie sich selbst spartanische [90] Härten auf
Und nehmen dabei selbst große Verluste in Kauf
Selbst ein Vermögen lässt se leben
Als würd`s dieses gar nicht geben
Er wird es horten
Und dabei träumen von künft`gen Torten

Verführt man ihn, das Leben mal zu genießen
Werden reichlich Gründe aus ihm schießen
Warum momentan nicht schicklich sei
Fröhlichkeit und Völlerei

Gern lässt er sich wie ein Sklave behandeln
Im Bewusstsein: dies Leben wird sich wandeln
Und wie es sich wandelt, bei diesem strukturierten Leben
Kann es keinen Misserfolg geben

Er gleicht einem Missionar
Der hier und da
Nach langem und hartem Kampf erkennt
Dass irgendwo im Dunkel ein Lichtlein brennt
Für das er gesammelt hat das Holz
Das erfüllt ihn nun mit Stolz

Wenn er satt ist vom spartanischen Erfolgsstreben
Fängt er an zu leben
Gönnt sich Erholung dann und wann

---

[90] Spartanisch: im antiken Sparta waren die Spartaner für ein entbehrungsreiches Leben bekannt, um das höchste Lebensziel zu erlangen: Glück

Wenn er auf Erfolg zurückschau'n kann
Erst dann fängt er an, in sich hineinzuschau'n
Und sich zu trau'n
Seinem Faible [91] für die Geheimnisse des Lebens nachzugeh'n
Um so mehr von der Welt zu versteh'n

Ein steiniger Bock hat vermutlich den Vers erdacht:
Wer mit 20 kein Sozialist ist, hat kein Herz und keine Macht
Wer aber mit 40 noch Sozi ist, hat keinen Verstand
Kämpft in liederlichem Gewand gegen sein eig'nes Land
Und auf der and'ren Seite
Stammt von ihm auch der gescheite
Spruch: was sollen nur die and'ren denken
Die uns doch stets mit Aufmerksamkeit beschenken
Wir können doch nicht ihre Erwartungen verletzen
Sie enttäuschen und entsetzen

Als Individualist ist sein Umgang mit der Society nur ein Weg
Weichen zu stellen für sein Privileg
Sich seelenruhig um sich selbst zu dreh'n
Ohne dass and're ihm auf den Zeiger geh'n

Ohne zu murren tragen sie Verantwortung und Lasten
Haben was auf dem Kasten
Und steuern nur selten ein Schiff
Auf ein gefährliches Riff

Doch selbst wenn dies geschieht
Der Rauch der Entrüstung rasch verzieht
Wenn man ihren trock'nen Humor dabei besieht
Dieser bringt nämlich die Runde zum Lachen
Nur so kann man beschwingt 'nen Neuanfang machen

Er scheut zwar keine dicken Rippen
Aber allzu gefährliche Klippen
Vorsichtig geht er zu Werke
Das ist seine Stärke
Auf dem Weg nach oben hat er manche Probe zu besteh'n
Manche Depression mag bald vergeh'n
Der Aufstieg ist rau und dornenreich
Doch am Ende leben sie wie ein Scheich

---

[91] Faible: Neigung

Wunder Punkt

Gute Laune ist für unseren Bock ein kostbares Gut
Dazu fehlt`s oft an Mut
Lieber gibt er sich zynisch und kritisiert
Bremst Spaß und demoralisiert
Hat jemand was vergessen, trägt er`s ihm nach
Ist nachtragend bis ins Schlafgemach
Verlierer können nichts taugen
In seinen Augen
Hat jemand einen Sieg davon getragen
Mag der Neid am Steinbock nagen

Ein enttäuschter Bock zieht sich gern
Getroffen im Kern
Von seinen Mitmenschen zurück
Und versucht allein sein Glück
Dies kann er aber so nicht finden
Vereinsamt seine Lebensgeister ergo schwinden

Bekommt er nicht im Guten seinen Willen
Kann er schon mal einen killen
Das Leben muss doch schließlich weitergeh`n
Das muss man doch versteh`n

Austeilen kann er gut
Doch fließt bei ihm selber Blut
Zieht er rasch vor Gericht
Mit `nem Steinbock macht man so was nämlich nicht

Die Schattenseiten werden von den Menschen oft verkannt
Und so werden sie leicht von jenen übermannt
Wenn Gefühle und Fantasie kein Gehör finden
Werden sie den Meister gehörig schinden
Irgendwann explodier`n gestaute Gefühle aus ihnen heraus
Oh Graus
Und lassen den Steinbock für Ideale kämpfen
Die seine Selbsterkenntnis weiter dämpfen

Mit vielem ist er nicht zufrieden
So wachsen Stimmungen, die sieden
Und im heißen Dampfe leiden solche

Die von Haus aus keine Strolche
Sondern wohlerzogen ihrer Wege geh`n
Und diese Stimmungen des Steinbocks nicht versteh`n

Der bockige Stein ist beseelt von der Idee
Dass man bei Kaminfeuer und leck`rem Tee

Die menschliche Natur verändern kann
Dann und wann
Und gebärdet sich dabei wie ein Apostel der Moral
Dessen Lehren monumental
Und von keinem zu erfüllen sind
Weder vom Greisen noch vom Kind

Wer auf seine Ratschläge pfeift
Sich an seiner Ehr` vergreift
Den hält er für gestört
Das ist schließlich unerhört
Der steinige Bock ist mit dem Vater-Mythos [92] verwurzelt
Aus dem ein strenger Tyrann purzelt
Und wer sich bessern will mag begreifen
Dass unterschiedliche Früchte reifen
Auf den Äckern
Also gibt es nichts zu meckern
Jede hat ihre angenehmen Seiten
Das kann man nicht bestreiten

Als Eltern

Der Fortschritt ihrer Sprösslinge ist ihnen heilig
So wird's den Kleinen nie langweilig
Leistungen sind zu erbringen
Erfolge vor allen Dingen
Aufmüpf`ge werden in die Schranken verwiesen
Gehorsame, Ordentliche gepriesen
Knauserig sindse, Luxus steht erst bereit
Nach harter, täglicher Arbeit
Und bleibt danach noch etwas Zeit
Sind Gefühle nicht weit
Bei diesem großen, moralischen Ziel

---

[92] Mythos: Urglaube

Verbleibt für das kindliche Spiel
Wahrlich nicht viel

Berufliches

Im Organisier'n ist er Meister
Zum Tapezier'n verwendet er Kleister
Im Chaos wendet man sich gern an ihn
Notfalls bittet man ihn auf Knien
Dass er möglichst auf die Schnelle
Die Ordnung wieder herstelle
Ehrgeizig und emsig wie die Bienen
Legen sie die Schienen
Für den Zug ins gelobte Land
Oder bis zum Rand
Von dem schönsten Strand

Doch bis zum Domizil in der Parkallee
Wird`s schon 'ne ordentliche Odyssee [93]
Zuweilen haben sie etwas erst dann zuend` gedacht
Wenn ein and'rer schon was Neues auf den Markt gebracht

Wer gründlich seine Arbeit erledigt
Erntet zuweilen 'ne Predigt
Weil dies viel Zeit in Anspruch nimmt
Doch ich find`:
Hauptsach`, das Ergebnis stimmt

Er arbeitet hart wie ein Büffel
Nur zuhause erntet er dafür Rüffel
Und wenn sein Chef nicht merkt, was er kann
Zeigt er auf, dass er dann und wann
Fehler des Kollegen ausbügeln musste
Weil jener dies und jenes nicht wusste

Sein Einsatz ist unermüdlich
Er fühlt sich unentbehrlich

---

[93] Odys'see : lange Irrfahrt, mit vielen Hindernissen verbundene Reise

Ob er nun als Buchhalter im Stillen die Karten mischt
Oder als Chef aus vollen Teichen fischt
Auf dass eines Tages sprühen
Sterntaler aufs Konto für seine Mühen

Der junge Bock lebt, um zu arbeiten
Erst später reifen die Zeiten
Wo er arbeitet, um zu leben
Darauf woll`n wir einen heben!

Finanzen

Der steinige Bock setzt auf`s Sparen
Das Geld mag garen
Im wohl geheizten Herd
Vielleicht ist`morgen schon mehr wert
Hat vielleicht Junge bekommen
Diese heißt er willkommen
Sauer verdientes Geld wird nicht verschwendet
Selbst wenn ein neues Kleid oder Auto blendet
Und aus dem Wald da rauscht es dumpf
Sein Geld landet auf der Bank oder im Strumpf
An der Börse wird nicht spekuliert
Das wäre nun wirklich deplaciert [94]
Er fällt erst dann in den Schlaf
Wenn er auch sein letztes Schaf
Im Trock`nen vermeint
Erst dann auch für ihn der Mond scheint

Gesundheit

Steinböcke sind auf ein langes Leben geeicht
Weil ihr Leben einer Versicherung gleicht
Auch Saturn, ihr Planet, als Vater der Zeit
Steht kurzfristig für `ne Infusion bereit

---

[94] deplaciert : fehl am Platz, unpassend

Liebe

Da für den steinigen Bock nichts selbstverständlich ist
Er niemals vergisst
Dass es gilt, auch in Liebesdingen
Kräftig zu ringen
Liebe ist nicht unbedingt von Bestand
Und so gebietet ihm sein Verstand
Die Beziehung regelmäßig wie ein Kamin zu befeuern
Um somit die Liebe zu erneuern
Liebe ist für ihn Arbeit
Und so ist er auch bereit
Viel dafür zu investier`n
Sich für den and`ren zu int`ressier`n

Auf der and`ren Seit`
Ist er aber auch so gescheit
Zu erkennen, dass pure Romantik
Ist aufregend und schick
Sichert aber nicht den Lebensunterhalt
Und so wird er alsbald
Zurückkommen auf den Boden der Tatsachen
Und zwischen Romantik und Arbeit `nen Kompromiss entfachen
Der ihr und ihm gefällt
Und die Liebe erhält

Doch bevor es soweit kommen kann
Steht ganz oben an
Vor dem Favoriten die Rüstung abzulegen
Gefühlspanzer und Degen
Und dies geht ihm nicht so leicht von der Hand
Bei dieser Aufgabe hat er einen schlechten Stand
Er fürchtet, die Kontrolle zu verlier`n
Die Situation könnt` eskalier`n
Und wem`s gelingt, ihm die Rüstung zu entlocken
Wird frohlocken
Über Romantik und Charme
Den ihr Schwarm
Dahinter gefangen hielt
Bei Wasser und Brot – ganz gezielt

Eine Schwäche hat der Bock für solche Charaktere
Die ihnen nehmen die Schwere

Locker zu bleiben in brenzligen Lagen
Selbst was zu wagen
Ohn`n zu verzagen
In einer Verbindung, getragen durch Harmonie
Taut der Bock auf durch die Lie-
Be und indem er mehr und mehr vertraut
Er zuversichtlicher nach vorne schaut
Nähert er sich dem Paradies
Das ihn solange warten ließ

Wettbewerb ist ihm verhasst und was für Spinner
Es sei denn, er ist der Gewinner
Das muss natürlich a priori [95] fest steh`n
Oder sich zufällig ergeb`n
Verletzter Stolz ein Loch in seine Ehre frisst
Er braucht lange, bis er die Schmach vergisst

Wer steif wirkt und arrogant
Schüchtern und wenig charmant
Scheint es in Liebesdingen
Nicht weit zu bringen
Freundschaften gehen sie nicht mal nur zum Schein
Leicht ein
Sie finden sich natürlich toll
Drum sindse auch so anspruchsvoll
So und auf diese Weise
Kommt der Partner oft aus dem Kollegenkreise
Dort wird gebaggert und geschaut
Ob man sich am Ende traut

Der sicherste ist ihm der dornenreiche Weg
Auch dies ist Beleg
Dass er nicht alles auf die Hörner nimmt, was sich bewegt
Er handelt halt überlegt
Leichtsinnig dagegen kaum einmal
Das ist sein großes Kapital
Drüm wird Treue bei ihm auch groß geschrieben
Und wo Treue Spaß macht, kann man genüsslich lieben

Der Steinböckerich in Liebesdingen
Misstrauisch ist der maskuline Bock

---

[95] a priori: von vornherein

Selbst gegenüber Personen mit Rock
Lange prüft er, bevor er sich bindet
Ob er nicht noch `was Bess`res findet
Außerdem hat er in jungen Jahren
Keine Zeit für Röcke mit langen Haaren
Der Aufstieg erfordert seine ganze Kraft
Ergo nix Leidenschaft
Insoweit gleicht er dem Wein, dem süßen
Den woll`n wir hier recht schön grüßen
Je länger er wird verwöhnt von der Sonne
Umso mehr ist`s eine Wonne
Ihn mit der Zunge zu spür`n
Ihn hier und dort zu berühr`n

In einer Zwischenperiode geht er öfter aus dem Haus
Probiert viele nette Sachen aus
Sammelt Stoff für Moralpredigten von morgen
Wo ihm das Gestern bereitet Sorgen
Doch auch and`re sind der Moralpredigten Ziel
Moral bedeutet in der reifen Phase viel

Sie sind patriarchisch [96] geprägt
Wo die Frau den Mann bis zum Ende pflegt
Frauendemos sind für die Böckeriche nicht vonnöten
Wo doch die Männer den Frau`n alles böten
Selbst Frechheiten gereicht in netter Form
Entsprechen doch durchaus noch der Norm

So nimmt es nicht Wunder, dass väterliche Qualitäten
Zuverlässigkeit, Beschützer-Syndrom und andere Spezialitäten
Bei ihm durchaus dominier`n
Mit diesen kann er bei Hilflosen wunderbar brillier`n
Doch die weltgewandte Frau ist es irgendwann leid
Sie ist dann nicht mehr bereit
Die Hilflose und Schutzbedürftige zu spielen

---

[96] Patriarchisch: von Patriarchat (aus griechisch pater: Vater, und griechisch archein: herrschen; wörtlich übersetzt: Vaterherrschaft) soziale Organisationsform, in der das Verfügungsrecht über die Personen und Güter einer Familie, Sippe oder Lineage in der Hand des Vaters liegt und von diesem auf den Sohn vererbt wird; im weiteren Sinne die allgemeine Vorrangstellung des Mannes in der Gesellschaft.
Microsoft ® Encarta ® Enzyklopädie 2005 ©

Auf sein Helfer-Syndrom zu schielen
Diesem immer wieder gerecht zu werden
Um Frieden zu ernten hier auf Erden

Auf selbstständige Frauen
Kann der Steinböckerich nicht bauen
Weil für sie seine Vision vom starken männlichen Pol
Ist außen Kohl
Und innen hohl

Er ist nicht auf ein and`res Gleis zu schieben
Man kann ihn nur so verachten oder lieben
Denn verändern will er ja schließlich die Welt
Wofür er sich stets bereit hält

Wo der frühe Bock kommt zum finalen Schuss
Macht mit allen and`ren Schluss
Ist Schuld `ne Jugendliebe
Aus der erblüh`n neue Triebe
Oder `ne Schöne, die ihm Solidarität signalisierte
Beim steilen Aufstieg, und die er so favorisierte
Oder er nahm das erstbeste Weib
Für den schönsten Zeitvertreib
Zum süßen Küssen
Um nicht weitersuchen zu müssen

Doch vor diesen sagenhaften Realisten
Sich schon viele Schöne aus dem Staube machten (so`n Mist!
Nix reimt sich auf: „isten")
Selbst noch vor dem Altar
Dem alles entscheid`nen „Ja"
Suchte sie das Weite
Und hielt sich für `ne Gescheite
In Verkennung seiner Qualitäten
Wenn auch späten

Vermeint er, die Richt`ge gefunden zu haben
Wird er sie laben
Mit seinem Charme
Und schlagen emotional: Alarm
Legt sie sich am Arbeitsplatz auf die Lauer
Erscheint er nach einer Weile Dauer
In der Kantine, um zu verschnaufen

Etwas zu essen und was zu trinken (so`n Mist! Nix reimt sich auf verschnaufen)
Und während er noch im Genießen
Kann se sich ihn schießen

In solchen Pausen hat er für Gespräche Zeit
Und ist gegebenenfalls auch bereit
Sich von ihren Kochkünsten überzeugen zu lassen
Es ist kaum zu fassen

Er ist ferner zutiefst bewegt
Wenn sie sich im Restaurant überlegt
Sich für ein günstiges Mahl zu entscheiden
Da mag er sie gleich leiden

Und wenn sie ihn dann zu sich (statt den teuren im Restaurant zu trinken) zum Kaffee einlädt
Er sie noch viel besser versteht

Zum Sex ist er gern bereit
Nimmt sich dafür auch recht viel Zeit
Auch wenn dies zulasten des Schlafes geht
Ist er am nächsten Tag zufrieden und aufgedreht

Leider ist sein Charme so unterkühlt
Dass sie sich fühlt
Wie in die Eiszeit versetzt
Mit `nem Eiszapfen vernetzt
Doch Spaß beiseite, im Ernst beseh`n
Kann man sich auch mit dem Bock versteh`n
Der Steinböckerich ist ein treuer Vasall
Mit ihm lässt sich`s lieben, auf jeden Fall

Die Steinböckin in Liebesdingen

Die Steinböckin wird oft mit `nem Eiswürfel verglichen
Doch hier hat sich ein Fehler eingeschlichen
Mit Gefühlen geht sie, man nehm`s ihr nicht krumm
Recht sorgsam um
Schließlich hat sie nur ein Herz zu verschenken
Das geb` ich hier mal zu bedenken
Sie zieht es vor, sich klassisch zu kleiden
Ihr Parfum ist teuer, ihre Wäsche seiden

Grüne Haare zieht sie nicht auf den Köder ihrer Angel
Neutral beseh`n ist dies kein Mangel

Ihre eig`nen Wünsche weiß sie so geschickt einzubringen
Dass der Funke ihrer Idee muss quasi überspringen
Sodass er am Ende denkt
Er hätt` sie überrumpelt, gelenkt

Sie gibt sich gern schwach und hilflos
Und zieht so das große Los
Denn unter den rivalisierenden Rittern hat einer `nen Rückgrat
Welches ihrem gleicht, eines mit Format
Eines, welches nicht rostet
Und wenn man`s hat auch nix kostet

In der Gesellschaft kommt es nicht gut an
Wenn die Frau stärker ist als der Mann
So spielt sie halt taktisch die zweite Geige
Gar nicht mal feige
Aber ihre Liebe kann auch ganz selbstlos sein
Und manche List setzt sie ein
Um dem Geliebten zu nützen
Ihm herauszuhelfen aus tiefen Pfützen

Hat die Steinböckin keinen eig`nen Beruf
Folgt sie dem inn`ren Ruf
Die Geschicke ihrer Familie in die Hand zu nehmen
Um diese so mit genialen Ideen zu beleben

Den Eiswürfel lässt sie aber gerne tauen
Im gewachsenen Vertrauen
Dann zeigt sie gern dem Mann
Wie leidenschaftlich sie sein kann

Und hat se sich erst mal einen geschossen
Und rüttelt auch Nachwuchs an Kinderbettchens Sprossen
Geht sie weiter ihrem Berufe nach
Denn kommt es mal zum großen Krach
Ist se unabhängig vom Ehemann
Der ihr dann mal sonstwo begegnen kann

Ergebnis

Zusammengefasst kann man nicht klagen
Und in zwei Zeilen ist zu sagen:
Der Steinbock ist im Grunde
Nicht so bockig wie Kunigunde